Mastering the Rockefeller Habits

# 록펠러식 성공 습관 마스터

## 성장하는 기업의 가치 상승을 위해 반드시 해야 할 것

버네 하니시 지음 | 김경애 옮김

# Mastering
# the Rockefeller Habits

알파미디어

**일러두기**

1  이 책은 2004년 출간된 《록펠러식 경영습관 마스터하기》의 20주년 개정판으로 미국에서 20년 만에 재출간된 책의 번역 원본입니다.

2  인명이나 지명은 국립국어원의 외래어 표기법을 따랐습니다. 본문에 언급되는 기업명 등도 동일한 표기법을 기준으로 하였으나, 일부 일반적으로 사용되는 명칭을 사용한 경우도 있습니다.

3  옮긴이가 독자의 이해를 돕기 위해 생략된 말을 넣거나 저자가 보충 설명한 부분은 ( ) 안에 넣었습니다.

4  도서명은 《 》, 잡지나 영화 제목은 〈 〉, 기사나 논문 제목은 ' '로 표기하였습니다.

"늘 기본을 되돌아볼 수 있도록 해주는 내 아이들
카메론, 콜, 제이드, 퀸에게 고마움을 전한다."

● 버네 하니시의 《록펠러식 성공 습관 마스터》는 우리가 도입한 가장 중요한 경영 툴이다. 이 방법은 우리 조직 전체가 명확한 목표를 설립하고 이를 실행하기 위한 집중력을 불어넣었다. 이 책에서 전하는 도구들은 우리 경영진이 개미 같은 사소한 것 대신 코끼리와 같이 거대한 사안을 처리할 수 있게 하였고, 우리가 Inc. 500대 기업으로 성장하는 데 도움이 되었다.

_ 드와이트 쿠퍼Dwight Cooper
PPR 트래블 대표

● 버네의 경영 철학은 우리 회사에 극적이고 긍정적인 영향을 미쳤다. 지난 3년 동안 그가 개발한 툴은 우리 회사를 Inc. 500 리스트 17위에 오르는 데 큰 도움이 되었다.

_ 마크 홀랜드Mark Holland
어센드 HR 솔루션 대표 겸 CEO

● 버네 하니시는 우리가 운영하는 네 개 회사에 실제로 적용하고 있는 값진 것들을 전해준 인물이다. 한 예시로 올해 초부터 우리 회사에서 버네가 제안한 방법 중 하나인 '데일리 허들daily huddle'을 실천하고 있으며 그 결과에 매우 만족하고 있다. 버네 하니시는 지루한 학문 이론을 가르치는 것이 아니라 회사의 성공을 위해 즉시 실천할 수 있는 것들을 가르쳐주고 있다.

_ 알렉스 S. 러쉬ALEX S. RUSCH
러쉬 퍼블리싱

● 기업가로서의 경험은 흥미롭고 보람차면서도 동시에 외롭고 비극적일 수도 있다. 같은 생각을 가진 비즈니스 리더들과 함께 모여 검증된 프레임워크 내에서 집단 에너지를 활용할 수 있는 버네 하니시의 리더십 프로그램에서의 기회는 그 어떤 것보다 값지다.

_ 브라이언 J. 핸셀Brian J. Hansell
볼 해리슨 핸셀 총괄 부사장

● 성공적인 기업을 만들길 원하는 모든 사업가가 반드시 읽어야 할 책

_ 다니엘 A. 마르코스Daniel A. Marcos
파타곤 지사장

● 우리는 이 책의 '한 페이지 전략 계획 마스터하기'를 적용하고 있는데, 이를 통해 우리의 핵심이 되는 가치관을 되뇌일 때마다 직원과 고객에 동기부여가 되며 그 효과는 즉각적으로 나타나고 있다.

_ 호르헤 R. 아리아자Jorge R. Arriaza
코퍼레이션 로스 프로세레스 S.A.

● 버네는 기본 원칙과 기울이는 모든 노력에 깃든 정직함 그리고 기업이 지속적으로 발전할 수 있도록 도움을 준 사람들의 손길에 대해 알리고 있다.

_ 프란시스코 에스테반 라네즈Fransisco Esteban Lainez
_ 라보라토리오스 앤 드로게리아

● 《록펠러식 성공 습관 마스터》는 그토록 심플함에도 정말 강력한 효과를 지녔다. 우리 회사는 가장 중요한 목표를 달성하기 위한 집중력과 정보 수집력 그리고 조율 능력을 얻었다.

_ 데이먼 거쉬Damon Gersh
맥슨스 리스토레이션스 CEO

● 《록펠러 성공 습관 마스터》는 그토록 심플함에도 정말 강력한 효과를 지녔다. 우리 회사는 가장 중요한 목표를 달성하기 위한 집중

력과 정보 수집력 그리고 조율 능력을 얻었다.

_ 데이먼 거쉬Damon Gersh
맥슨스 리스토레이션스 CEO

● 우리는 버네의 통찰과 방법이 유익하고 유용하며 이해하기 쉽다는 것을 깨달았다. 이제 그가 제시한 방법은 우리 회사의 기초가 되는 도구가 되었다.

_ 오조 와투물Ojo Watumull,
아메리칸 티셔츠 컴퍼니 부사장

● 이제는 일일 회의 없는 회사는 상상할 수 없게 되었다. 일일 회의는 하루 분위기의 활력과 회사 전체의 소통과 책임감을 불어 넣고 있다.

_ 댄 굴드Dan Gould
Inc. 500대 기업 2회 선정 시너지 사장

● 사업 성장을 가속화하고 싶은 사람이라면 누구나 베른의 강의와 비즈니스 훈련 프로그램을 알아볼 필요가 있다. 베른의 강의를 통해 재미있게 협업 가능한 훌륭한 팀을 구축했고 7년간 수익을 매년 100퍼센트씩 성장하는 쾌거를 이루어냈다. 나는 스탠퍼드 경영대학

원에서 비즈니스 분석과 이론을 익혔고, 베른의 비즈니스 훈련 프로그램을 통해 고속 성장하는 회사에 이를 실전 적용하는 방법을 습득했다.

_ 켄 호크Ken Hawk
주니퍼 벤처스의 설립자

● 버네는 명확하게 사고하는 사람이다. 그는 내가 사업을 설립할 수 있게 한 그 '습관'을 이해하도록 도움을 줬다.

_ 제프리 데니스Jeffrey Dennis
플래그십 캐피털 파트너스 사장

● 경영진과의 일간, 주간, 분기 집중 회의를 시행하고, 그다음 직급의 경영진과 직원들에게도 동일한 회의 구조를 적용함으로써 우리 필그림 소프트웨어는 원활한 업무 방향성 전달, 경영상 일상적 문제 해결, 효과적인 긴박감 고취가 가능했고 이에 필요한 기초를 다질 수 있었다. 관련된 모든 사람이 이 새로운 변화에 대해 긍정적으로 평가하고 있다.

_ 애이미 우지Ami Utji
필그림 소프트웨어 CEO

● 버네의 기업가적 통찰은 전 세계 사업이 한 단계 더 성장하는 데 도움이 되었다. 이 책은 당신이 반드시 읽고 공부하고 싶은 책이 될 것이다.

_ 토드 홉킨스Todd Hopkins
오피스 프라이드 커머셜 크리닝 서비스의 창업자 겸 CEO

● 버네는 복잡한 문제를 간단한 해결책만으로 해결하는 그만의 재능을 가졌다. 항상 그의 세션을 마칠 때면 명확하게 CEO로서 해야 할 일이 무엇인지 해답을 얻을 수 있었다.

_ 샘 구드너Sam Goodner
캐터필트 시스템즈 CEO

● 그는 우리가 한 번도 들어본 적 없는 이야기를 들려주었다. 사업 기본에 대한 그의 단순하면서도 혁신적인 접근 방식에 머릿속이 핑 돌았던 기억이 난다! 그가 가르쳐준 내용을 제대로 소화한 후, 우리는 즉시 회사가 궁극적인 고속 성장을 이룰 수 있는 전략을 수립할 수 있었다.

_ 브루스 스미스Bruce Smith
세이프티 비전 CEO

● 버네가 우리 회사에 전한 방법은 회사 성장의 초석이 되었으며, 사내 문화에 성공적으로 뿌리내렸다.

_ 래리 길버트Larry Gilbert
이벤트 네트워크 CEO

● 버네의 방법에서 습득한 지식은 나의 비즈니스와 건강한 삶 모든 측면에서 환상적인 통찰을 줬다. 나는 베른에게서 얻은 기회가 주는 이점을 최대한 활용하고 있다.

_ 브래드 샤이Brad Schy
뮤지컬 체어스 티켓 서비스 티켓 마에스트로

● 이 책의 이론은 우리를 매일 같은 호흡을 하는 조직으로 만들어주었다. 우리는 더 이상 누가 무엇을 언제 하는지 '파악'할 필요가 없다. 이제 우리 모두가 알고 있기 때문이다.

_ 론 잘레신Lorne Zalesin
빌트모어 프로퍼티스 코퍼레이션 부사장

● 버네는 성장 중의 비즈니스가 무엇이 필요한지 파악하는 뛰어난 안목을 갖추고 있는 것이 틀림없다. 그가 짚어낸 사안들이 정확히 맞아떨어졌기 때문이다. 그의 전략을 배운 후 우리는 즉시 시스템을

변경했고 매우 긍정적인 결과를 얻을 수 있었다.

_ 릭 레스텔리**Rick Restelli**
인터네셔널 어펠럴 컴퍼니

● 나는 재정비된 의지를 갖추고 회사로 복귀했고, 검증된 방법을 통해 조직을 한 차원 높은 단계로 끌어올렸다. 그의 원리를 적용함으로써 경쟁에서 우위를 선점하기 위한 개선책에 집중할 수 있었다. 그의 이론 속 논리는 입증되었고 나는 원하는 결과를 얻을 수 있었다.

_ 미셸 니클리스**Michele Nicklis**
TRI-QSI CEO

● 성공을 '금전적 이윤'으로 측정한다면 베른의 작업은 A+이다. 그가 없었다면 우리 회사는 지금과 같을 수 없었을 것이다. 회사가 10명에서 50명 그리고 125명으로 성장하며 경험하게 되는 어려움과 변화의 역학관계를 이해하는 데 그의 도움이 컸다. 그의 예측과 처방은 정확했고 처방약은 그 궁극의 효과를 증명했다.

_ 짐 셰워드**Jim Sheward**
파이버링크 블루벨 CEO

● 버네와의 첫 만남 후 즉시 우리 조직과 목표를 정의하는 데 몇 가지 근본적인 변화를 이룰 수 있었다. 이러한 변화가 없었다면 사업이 빠르게 성장하는 단계에서 훨씬 더 큰 어려움을 겪었을 것이다.

_ 데이브 기슬링Dave Gheesling
플로어엑스포 CEO

● 버네가 제시한 구체적인 비즈니스 접근법과 원칙은 매우 구체적이다. 실제 업무에 적용하는 것만으로도 즉각적으로 사업과 직원들에게서 가시적인 효과를 볼 수 있었다. 그의 도움으로 우리는 1년 안에 6개 도시로 수익을 겸비한 확장을 목표했다. 이제 우리 경영진은 성숙한 비즈니스라는 장기적인 비전을 세우고 목표를 위해 서로 협력하며 사업을 궤도에 올려놓기 위해 노력하고 있다.

_ 피트 패터슨Pete Patterson
캐피탈 리커버리 그룹 CEO

● 전략적 목표 조정부터 일상적인 커뮤니케이션 계획에 이르기까지 버네의 실용적인 아이디어는 우리가 두 번이나 Inc. 500대 기업에 선정되는 데 핵심적인 역할을 했다.

_ 톰 살로넥Tom Salonek
go-e-biz.com CEO

● 기업을 경영한다는 것은 극도로 복잡한 과제다. 하니시의 도구와 접근법 그리고 심플한 명제('옳은 일을 옳게 하기'와 같은)는 판단을 흐리는 복잡함을 제거하고, 결과적으로 사업체를 조정 및 경영할 수 있는 프로세스를 확립하는 데 도움을 주고 있다.

_ 마크 D. 고든Mark D. Gordon
시너지 네트웍스의 최고에너지책임자(CEO)

● 버네의 도구는 지금까지 사용해본 그 어떤 사업 교육 도구보다 내게 큰 도움이 되었다. 그의 가르침을 받고 집에 돌아온 후 나는 회사를 균형 잡힌 방향으로 발전시킬 혁명을 시작할 수 있었다.

_ 빌 허드슨 주니어Bill Hudson Jr.
허드슨 샐비지 CEO

● 버네 하니시는 성장과 성공을 위한 정신적 도구를 전하고 있다. 내가 그 살아 있는 증거다.

_ 러셀 베일Russell Vail
클리어세일 커뮤니케이션즈 사장

● 이건 정말 물건이다! 내 말을 믿지 못하겠다면 우리 경영진 누구에게나 물어보라.

_ 롭 솔로몬Rop Solomon
USOL 홀딩스 회장

● 우리는 이 원리를 우리 사업에 적용했을 뿐만 아니라 고객 컨설팅 업무에도 적용했다. 우선순위화(prioritization)의 효과는 강력하다.

_ 대릴 데모스Darryl Demos
데모스 컨설팅 그룹 CEO

● 베른을 만나기 전에는 배워야 할 것이 많다는 것을 알긴 했지만, 내 지식이 이토록 형편없는지는 깨닫지 못했다. 베른의 가르침은 우리 조직을 크게 개선했다. 직원들은 더 행복해졌고, 고객들은 더 큰 만족감을 표현하며, 수익이 증가하고 있고, 이전에는 주먹구구식으로 운영되던 조직에 구조를 도입할 수 있었다.

_ 에릭 W. 슬래버Erick W, Slabaugh
앱스코 알람스 CEO

## 감사의 글 ● ● ●

나는 크고 작은 사업체를 운영하는 경영주였던 가족들을 보고 자라면서 이 책에 담은 생각들을 구체화할 수 있었다. 조부모님은 각각 조그마한 회사를 운영하셨다. 반면 성공한 기업의 파트너로 잘나가던 부친의 회사는 주요 고객의 자금이 정부 기관에 의해 동결되면서 몇 달 만에 무너지고 말았다. 자금 동결로 고도성장을 이어가는 데 필요한 '산소'를 잃고 말았기 때문이다.

나 역시 기업을 운영하는 과정에서 빌 우즈, 돈 심슨, 윌러드 가비, 그리고 위치타주립대 기업가정신센터Center for Entrepreneurship 설립자인 프란 자바라 등 비즈니스 멘토로부터 지혜를 얻었다. 내가 조지 아블라, 댄 카니, 프랭크 카니, 잭 드보어, 톰 데블린, 래리 존스, 찰스 코흐 등 성공한 위치타 지역 기업가이자 비즈니스 리더들의 사업 수완을 접하게 된 것은 프란과의 인연을 통해서였다.

그리고 대학기업가협회, 기업가협회 그리고 MIT에서 열린 기업가 석사 프로그램EMP(Entrepreneurial Masters' Program)에 참여한 수천 명의 기업가에게 감사를 전하고 싶다.

1,100명이 넘는 학생 및 전 세계 젊은 기업가들을 대상으로 매우 교훈적인 초기 연례 발표를 해준 마이클 델과, 애플 창업뿐만 아니라 자신이 해고당한 일을 설명했던 스티브 잡스의 감동적인 발표를 항상 기억할 것이다. 기업가정신 운동에서 가장 중요한 두 출판사의 설립자인 아서 리퍼와 버니 골드허시, 그리고 기업가협회 설립을 이끌어주고 메릴랜드대학에서 교수 과정을 지원해준 워런 윈스테드와 루디 라몬 박사는 내게 중요한 비즈니스 멘토가 되어주었다.

　　가젤Gazelles(지금의 스케일링업 'Scaling Up')사社에서 함께해준 닉 알렉소스, 제이미 콜터, 테드 레온시스, 존 스트리트, 앨런 트레플러와 더불어, 보이드 클라크, 존 콘, 톰 델라니, 댄 가너, 하워드 게슨, 진 키릴라, 앤드류 셔먼, 밥 버튼를 비롯한 초기 자문위원들께 특별한 감사의 인사를 전한다. 또한 기업 경영에 관한 혜안을 전하고, MIT 프로그램과 MBDMaster of Business Dynamics 프로그램의 교수진으로 활동하고 있는 에드 로버츠 박사, 빈스 풀머 박사, 존 반 마넨 박사, 빌 아이작스 박사, 바바라 번드 박사, 배리 그리프 박사, 닐 처칠 박사, 잭 스택, 돈 페퍼스, 마사 로저스, 짐 쿠즈, 조지 나다프, 게리 허쉬버그, 오브리 다니엘스, 랜디 필즈, 지미 칼라노, 제프 스마트, 듀안 보이스, 잭 리틀, 스튜어트 무어, 팻 렌치오니에게도 감사드린다. 나는 항상 스티브 마리오티와 그의 기업가정신 교육 네트워크를 통해 실질적인 비즈니스 통찰력을 얻어왔다. 이 책은 니콜 파스칼레,

롭 메인, 블랑카 덱을 포함한 기존 가젤 팀의 도움과 지원이 없었다면 불가능했을 것이다. 존 D. 록펠러John D. Rockefeller의 전기인《부의 제국 록펠러 *Titan*》(21세기북스, 2010)를 빌려주고 읽도록 격려해준 신디 앤더슨에게도 감사드린다. 그리고 이 책의 바탕이 된 마이티워즈Mightywords 기사 작성을 도와준 엘렌 워얀을 비롯한 팀원들에게도 감사하다. 아담 위티, 에반 슈니트만, 베스 라과디아 등 현재 포브스 북스 팀과 개정판 표지 디자인과 레이아웃을 도와준 준히 러터조한, 글과 편집을 도와준 일레인 포펠트에게 감사드린다. 2002년 초판을 제작한 셀렉트북스 팀과 편집자 다나 아이작슨, 교열자 낸시 스기하라, 텍스트 디자인과 레이아웃을 담당한 캐슬린 아이작센, 출판자 겐지 스기하라에게도 감사드린다. 마지막으로 이 책이 탄생할 수 있게 해준 워터사이드 프로덕션의 저작권 에이전트, 빌 글래드스톤에게 고마움을 표하고 싶다.

성장하는 기업의 가치를
상승시키기 위해 반드시 해야 할 것

# Contents

## '하우투HOW-TO(요령)' vs 이론

성장하는 기업의 경영자와 직원들은 실무와 관련해 즉시 실현할 수 있는 아이디어와 도구를 원한다. 다시 말해 이론보다는 실제로 적용하기 쉬운 요령How-to을 선호한다.

### 변화를 가져오는 도구

'도구Tools'라는 용어는 심사숙고해서 사용해야 하는 말로, 변화에 대한 관리 철학을 잘 나타내는 버크민스터 풀러Buckminster Fuller에서 풀러의 말을 인용한 표현이다.

"만약 당신 회사의 직원들에게 새로운 사고방식을 가지게 하려면 무작정 가르치려고 하지 말고 유용한 도구를 제공하라. 그들은 도구를 쓰면서 새로운 사고방식을 자연스럽게 배울 것이다." 당신이 지금부터 배우게 될 도구는 회사를 현실적이고 긍정적으로 변화시킬 방법이다.

## 왜 도구를 믿어야 하는가? : 현실적이고 즉각적인 결과

회사가 성장하는 데 여기서 말하는 도구들이 정말로 쓸모가 있을까? 앞부분에서 당신은 이 책에서 얻게 될 도구를 지지하는 여러 CEO의 추천사를 확인할 수 있다. 그들은 이 책에서 제안한 도구를 사용한 8만 명이 넘는 리더들 중 일부에 불과하다. 물론 우리는 기존의 전통적인 방침이 중견 기업 리더들에게 얼마나 중요한지 잘 알고 있다. 하지만 기억해야 할 부분은 당신이 지금부터 시간을 들여 배우고 구현하려는 내용은 실제로 회사에서 효과를 발휘한다는 점이다.

## 간결함의 미덕

앞서 말했듯이 나는 이 책을 장황하게 쓰지 않았다. 이 책은 빠르게 훑어보고 중요한 아이디어를 포착하게끔 구조화되어 있으며, 한 페이지로 된 도구를 이용해 아이디어를 실제로 구현해볼 수도 있다. 1장은 도구를 적용한 다양한 사례를 개괄적으로 정리해서 보여주고 있지만, 나머지 장들은 소제목과 요약을 보기 쉽게 사용해 정보를 한 번에 습득할 수 있도록 구조화했다. 이 책에 실린 도구들을 즐거운 마음으로 탐험하길 바란다.

## 주간 이메일

만약 이 책에서 말하는 방법들이 마음에 든다면 내가 당신과 같은 성장하는 리더들에게 얻은 성공 사례를 모아 간단 명료하게 정리한 이메일을 보내줄 수 있다. 정기구독으로 주간 이메일을 받아보길 원하는 독자는 제목란에 'Weekly Insights'라고 적고 본문에 성과 이름, 직함과 본사의 위치를 포함한 이메일을 verne@ScalingUp.com 으로 보내면 된다. 성장하는 기업 경영진 목록에 당신의 이름이 오르게 될 것이다.

이 장은 책 내용을 간단히 훑어보기만 하려는 경영자를 위한 전체 요약본이다.

사업의 성공과 실패를 좌우하는 핵심적이고도 중요한 근본적인 요소는 무엇일까? 성공한 기업을 세우기 위해 필요한 요소 가운데 수백 년 동안 변하지 않은 것이 있다면 무엇일까? 지금부터 이 책의 주요 개념들을 정리하면서 위의 질문에 대한 답을 세 가지로 정리해 보겠다.

델 컴퓨터의 전 재무 최고재무책임자CFO 톰 메리디스Tom Meredith 와 나는 기업을 훌륭하게 키우는 일과 자녀를 제대로 양육하는 일이 얼마나 비슷한지 얘기를 나눈 적이 있다. 메리디스는 델 컴퓨터에서 일하기 전 아내의 권유로 마지못해 '효과적인 부모 역할 훈련'에 참가한 적이 있었다. 그런데 뜻밖에도 그는 그 교육에서 가정에서뿐만 아니라 회사에서도 적용 가능한 핵심 요소 몇 가지를 발견했다. 큰 깨달음을 얻은 메리디스는 직장의 모든 임원에게 훈련 교재를 나누어주었다.

자녀가 있는 사람이라면, 다음과 같은 자녀 양육의 기본 원칙에 수긍할 것이다.

**1** 몇 가지 규칙이 필요하다.

**2** 요점을 반복하라.

**3** 규칙을 따르고 일관되게 행동하라(그러므로 규칙의 개수는 적은 게 좋다).

첫아들이 태어났을 무렵, 양육에 관해 공부하던 중 론 처노의 록펠러 전기《부의 제국 록펠러》가 출간되었다. 이 책은 단순한 록펠러의 일대기가 아닌 그의 리더십과 경영 원칙을 자세히 다루고 있었다. 실제로《부의 제국 록펠러》는 성공한 기업을 세우고자 하는 사람이라면 반드시 읽어야 할 책이다. 이 책 덕분에 그간 관찰을 통해 결론 내린 성공 경영을 위한 세 가지 중요한 습관에 대한 확신을 얻게 되었고 '록펠러 습관'이라는 기억하기 쉬운 이름을 붙였다.

**우선순위** 연간, 분기별(매년 100퍼센트 이상 성장하는 회사라면 월간까지) 5대 경영 목표가 있는가? 명확하게 정의된 조직의 최우선 목표와 그에 걸맞은 주제가 있는가? 조직 구성원 모두가 회사의 경영 목표에 어긋나지 않는 각자의 개인 목표를 가지고 있는가?

**데이터** 조직이 현재 어떻게 돌아가는지, 시장의 요구가 무엇인지에 관한 일간, 주간 단위로 분석한 데이터를 충분히 보유하고 있는가? 조직 구성원 각자가 자신의 성과를 측정하는 일간 및 주간 수치를 적어도 하나 이상 가지고 있는가?

**리듬** 조직과 개인의 목표가 어긋나지 않고, 조직원이 책임감을 가질 수 있으며, 의사소통이 원활하도록 회사의 일간, 주간, 월간, 분기, 연간 회의가 효과적으로 배치되어 있는가? 그 회의들은 유용하게 운영되고 있는가?

《부의 제국 록펠러》를 통해 경영의 기본 토대가 되는 근본적인 경영전략을 발견했으며 이를 'X 요인'이라고 이름 붙였다. X 요인은 사업의 중요한 가치를 창출하고, 그 안에 내재된 궁극적인 가치를 실행하기 위해 그 의미를 정확히 이해하고 모든 리더가 사업 기준으로 삼아야 할 내용이다.

**X 요인** 당신의 비즈니스 모델과 산업에 내재된 조임목chokepoint (요충지)을 정의하고 그 내용을 통제하는 것

록펠러가 생각한 석유산업의 성공 열쇠는 물류비용에서 경쟁자보

다 우위를 선점하는 것이었다. 그래서 록펠러는 철도 산업에도 깊이 관여했다. 작은 의사 결정 하나에도 물류비에 집중하려는 그의 전략이 연계되어 있었다. 록펠러는 석유 사업의 수직적 통합성을 높이기 위해 참나무로 만든 석유통을 직접 생산하기로 결정했다. 그는 벌목한 목재를 그대로 공장에 가져오는 경쟁자들과 달리 숲에서 참나무를 벌채한 다음 화로에서 건조시켜 목재 무게를 줄이는 방법으로 물류비를 절반으로 줄였다.

성공을 위한 세 가지 습관을 최종적으로 정의하기 위해 나는 크로톤빌 GE의 경영자 교육센터에서 책임자로 일했던 스티브 커Steve Kerr를 만나 함께 시간을 보냈다. 이번 만남으로 성공적인 중소기업 경영에 필요한 GE의 세 가지 성공 비결을 배웠다.

1 경영계획에 '중간'은 없다. 지금부터 10~25년 뒤의 회사 비전과 당장 앞으로 90일 안에 무엇을 해야 할지, 이 두 가지만 명확히 정의하라. 후자(단기 경영계획)를 제대로 실행하려면 실시간 데이터들이 말해주는 냉혹한 현실을 회피하지 않고 적절히 대응해 나가는 경영진이 필요하다. 고작 1~3년 계획과 같은 어중간한 중기 계획에 마음을 빼앗기지 않아야 한다.

2 우둔해 보일 정도로 모든 것을 단순화하라. 경영전략, 경영계획, 의사 결정, 시스템이 복잡해 보인다면 잘못된 방향일 가능

성이 크다.

3 모든 전쟁과 시장에서의 승리 비결은 지식이다. 가장 **빠른** 최신 정보를 가진 사람이 승리한다. 신속한 의사결정을 위해 직원, 고객, 경쟁자 정보를 모으고 행동에 옮기기 위한 일간, 주간 프로세스는 매우 중요하다.

위 세 가지 원칙 중 첫 번째 기본 원칙을 따른 유명 기업가의 사례를 몇 가지 살펴보자. 마이크로소프트 창업자 빌 게이츠는 40여 년 전 작지만 실현 가능한 비전을 세웠다. 모든 가정에 컴퓨터가 한 대씩 놓여 있는 세상을 꿈꾼 것이다. 그로부터 10여 년 후 처음 세운 비전이 거의 현실화되었다고 느낀 빌 게이츠는 새로운 비전의 필요성을 깨닫는다. 그가 다시 품은 새로운 비전은 언제, 어디서나, 어떤 하드웨어에서나 구동되는 훌륭한 소프트웨어를 개발해 인간 능력을 더 키우겠다는 것이었다. 결국 마이크로소프트는 지구상에서 시가 총액이 가장 큰 회사 중 하나가 되면서 비전을 성취했다. 몽상이라고 할 정도까지는 아니지만, 장기적인 노력이 필요한 비전이었다.

마찬가지로 시벨 시스템즈Siebel Systems 창업자이자 최고경영자 톰 시벨Tom Siebel은 모든 임직원에게 매 분기마다 몇 가지 목표를 정해서 모두가 볼 수 있게끔 내부 전산망에 띄우도록 지시했다. (시벨은 자신의 목표를 맨 먼저 띄워 임직원들이 그가 정한 우선순위를 확인하게 했다.)

이를 통해 정량화 가능한 목표에 따른 보상으로 분기마다 기대할 수 있는 내용이 명확해졌다.

경영자가 해야 할 의사 결정 중 가장 중요한 두 가지는 10~25년 후를 내다보는 짧고 굵은 장기 비전과 바로 다음 분기를 위한 몇 개의 목표를 정하는 일이다. '웬만해서 바뀌지 않는' 장기 비전과 '자주 변하는' 단기 목표를 동시에 끌고 가는 것은 경영 성과를 높이는 데 필요한 섬세한 균형을 제공한다.

마지막으로 한 가지 개념을 더 설명한 다음, 이 장을 마무리하고 각 장에 대한 내용을 간단히 설명하겠다. 훌륭한 경영전략가 게리 하멜Gary Hamel이 운영하는 국제 컨설팅 회사 스트래티고스Strategos는 경영전략을 다음과 같이 간단히 정의했다(무엇보다도 게리 하멜은 핵심 역량이라는 개념을 뒷받침하는 전문가다).

"만약 당신이 다음 두 가지 질문에 답하지 못한다면 제대로 된 전략이 없는 것이다. 첫째, 지금 하고자 하는 일이 현실적으로 현재 고객과 잠재적 고객 모두에게 중요한 것인가? 둘째, 그 일이 당신을 경쟁자와 차별화하는가?"

여기에 이 전략을 가장 잘 실현할 수 있는 능력이 필요하다는 요구 사항을 추가하면, 당신이 실제로 효과가 있는 전략을 가졌는지 명확하게 알 수 있을 것이다. 어떤 기업은 경쟁사와 차별화하는 데는 성공했으나 고객의 마음을 붙잡는 데는 실패한 전략을 세운다. (이를

테면 고객은 신속한 서비스를 원하는데 회사는 고품질 전략을 구사하는 경우)
또는 어떤 회사는 고객이 원하는 바를 제대로 파악해 이를 전략으로
삼았으나 다른 경쟁사들도 이미 똑같은 전략을 구사하는 경우다. (동
일한 상품군에 뒤늦게 합류한 기업이 이런 예에 속한다.) 그리고 어떤 기업
은 위의 정의에 이론적으로는 부합하는 전략을 갖고 있지만 실제로
작동하지 못한 경우다. 전략에 관한 이 간단한 정의를 이 책의 마지
막 페이지를 넘길 때까지 명심해야 한다. 이제 본 장에서 설명한 세
가지 기본 사항을 다시 살펴보면 이 기본 사항들이 잘 통합되어 있다
는 사실을 알 수 있다. (이 책의 나머지 부분은 '요령'을 다룰 것이다.)

1 **우선순위**  원칙은 몇 개로 축약될 수 있어야 한다. 회사의 핵
심 가치나 원대하고 위험하며 대담한 목표BHAG(Big Hairy Audacious
Goal)처럼 쉽게 바뀌지 않는 원칙과 더불어 매 분기, 매주 간격으로
바뀌는 원칙이 있다. 나는 이를 5대 경영 목표와 으뜸 목표라고 부른
다. 단기 원칙과 장기 원칙의 균형이 중요하다.

2 **데이터**  목표에 맞게 나아가고 있는지 확인하기 위해서는 실시
간 데이터를 반영하는 피드백으로 장기 지표(스마트 넘버Smart Num-
ber)와 단기 지표(크리티컬 넘버Critical Number)가 필요하다. 스마트 넘
버는 긴 시간에 걸쳐 사업 성과를 측정하는 주요 지표다. 크리티컬
넘버는 사업 내용이나 직원이 맡은 업무의 한 측면에 초점을 맞춘다.

역시 장단기 균형을 추구한다.

**3 리듬** 회사 임직원들에게 '조롱'당할 정도로 당신의 메시지를 충분히 반복해야 한다. 잘 정리된 일간, 주간, 월간, 분기, 연간 회의는 조직원들을 조직 목표에 합치시키고 책임감을 부여한다. 각 회의의 안건을 통해 장단기 균형을 찾을 수 있다.

이 책은 이 같은 단순한 결정을 내리는 데 필요한 도구뿐만 아니라 조직원들이 목표에 매진하고 책임감 있게 행동하도록 하는 도구를 제공할 것이다. 더 구체적인 내용은 다음과 같다.

**1장** 1장은 다른 장들과는 성격이 조금 다르다. 1장에서는 회사를 키우는 데 걸림돌이 되는 세 가지 장애물을 알아본다. 그리고 록펠러의 세 가지 습관을 적용했을 때 기대할 수 있는 결과를 역동적인 시각으로 들여다보았다. 1장 후반부는 성장의 세 가지 장애물을 있는 그대로 설명한다.

**2장** '효과적인 인재 활용법' 모델은 사업 가치를 높이기 위해 무슨 결정을 어떤 순서로 내려야 하는지에 대한 전반적인 사고의 틀을 제공한다. 좋은 회사를 훌륭하게 만들기 위해 무엇이 필요한지에 관한 짐 콜린스Jim Collins의 최근 연구 결과와도 일치한다.

## 우선순위 섹션

3장 '한 페이지 전략 기획서'는 의사소통과 조직원 간의 일치단결을 돕기 위해 장단기 비전과 계량 지표, 우선순위를 한 장에 담을 수 있도록 한다.

4장 '경영의 핵심 가치 활용법'는 '거의 변하지 않는' 몇 가지 회사 원칙을 관리하는 방법을 제공한다.

5장 '리더의 조직 관리'는 5대 경영 목표와 그중 최우선 순위를 정하는 방법을 구체적으로 논의한다.

6장 '성과를 위한 분기별 주제'는 조직 구성원들이 최우선 순위 목표를 항상 염두에 둘 수 있도록 하는 방법을 보여준다.

## 데이터 섹션

7장 '고객과 직원 피드백'은 우선순위가 '제대로' 되어 있는지, 우선순위에 맞게 경영하고 있는지 알려주는 실시간 데이터를 확보하는 절차를 제공한다. 7장 끝부분에서 스마트 넘버(장기 지표)와 크리티컬 넘버(단기 지표)에 대해 간략하게 설명한다.

## 리듬 섹션

8장 '일간 및 주간 회의'는 중요한 회의를 효과적으로 운영하기 위한 구체적인 의제를 제공할 것이다. 만약 회의가 중요하지 않다고 생각한다면 CEO들의 추천사를 다시 읽어보라. 8장 끝부분에서 월별, 분기별, 연간 회의에 대해 간략하게 설명한다.

### X 요인 섹션

9장 '브랜드 약속 마스터'는 시장을 지배하는 데 필요한 핵심 전략을 가다듬을 수 있는 단순한 공식을 제공한다.

### 자금 섹션

10장 '현금 흐름 마스터'는 나의 저서 《규모 확장 Scaling Up》의 한 장을 그대로 실었다. 현금 흐름을 흑자로 유지하는 일은 조직의 규모 확장에 매우 중요하다.

### 사례 분석

홈페이지 [www.ScalingUp.com]에는 이 책에서 제시한 도구를 성공적으로 사용해 수백만 혹은 수십억 매출 기업으로 성장시킨 경영자에 관한 수백 개의 기사와 사례 연구가 게시되어 있다. 8만 개가 넘는 기업이 이 책에 담긴 도구를 통해 보다 쉽게 사업 규모를 확장했다.

## 적용

많은 경영자가 이 책에서 말하는 경영기법을 실현할 수 있는 가장 좋은 방법으로 회사의 모든 경영진과 간부들이 한 달에 한 장씩 책을 읽고 그 안의 개념들을 회사에 어떻게 적용할지 토론하는 것이라고 말한다. 직원 모두에게 이 책을 한 권씩 돌리는 경영자도 상당수다. 이런 방법은 아주 적은 비용으로 인재를 발굴하고 직원들에게 쉽게 변화 관리의 주요 내용을 습득하게 하는 방안이다. 직원들의 지지를 받으며 성장을 위한 추진력을 얻을 수 있을 것이다.

## 전자 문서

자유롭게 편집이 가능하고 25개 이상의 언어로 번역된 한 페이지 전략 기획서 및 한 페이지 성장 도구 PDF 양식은 홈페이지 [www.ScalingUp.com]의 시작 배너에 있는 링크를 통해 다운로드 가능하다. 부디 끊임없이 배우고 성장하길 바란다!

최고경영자,
버네 하니시

Mastering
The Rockefeller
Habits

# Part 1

성장 마스터하기

# 성공한 경영자는 알지만,
# 당신은 모르는 것은 무엇인가?
# 어떻게 강한 기업으로 성장할 것인가?

• • •

| 경영자를 위한 요약 |

성장 기업은 보통 세 가지 어려움을 겪는다. 첫째, 경영진은 리더십을 바탕으로 업무를 위임하고 미래를 예측하는 능력을 갖춰야 한다. 둘째, 성장에 따라 복잡해지는 업무에 대처할 수 있도록 시스템과 구조를 갖춰야 한다. 셋째, 더 거대한 시장에서 점점 더 까다로워지는 시장의 역동성에 주목해야 한다. 1장에서는 세 가지 록펠러 습관을 구현한다면 어떤 결과를 기대할 수 있는지 알아본다.

1999년 오하이오주 뉴알바니에 본사를 둔 우편 주문 의약품 회사 익스프레스 메드Express-Med의 최고경영자 앨런 루디Alan Rudy는 낙담에 빠져 있었다. "돈을 더 벌고 더 재밌게 일하고, 회사는 더 커져야 하는 것 아닌가?" 루디는 "난 항상 화가 나 있었다"라며 당시를 회상했다. "주말에 형제들과 아버지를 모시고 스키를 타러 가려고 했다. 10년 만에 처음 세운 계획이었는데 회사에 일이 생기는 바람에 막판에 취소하고 말았다." 엎친 데 덮친 격으로 회사 실적도 나빠졌다. 그해 3월 30일 회사 재무 담당 최고 책임자가 보여준 재무제표는 1분기 순익을 30만 달러(약 4억 470만 원)로 전망하고 있었지만, 이틀 지난 4월 1일 재무 담당 임원은 실제로 35만 달러(약 4억 7215만 원)의

적자가 났다고 말을 바꿨다. 지금은 웃으면서 그때를 회상하지만, 당시엔 그렇지 못했다. "난 몇 시간 동안 재무 담당 최고 임원이 만우절 농담을 치밀하게 준비한 것이라고 생각했다. 그저 농담으로 받아들이려고 노력했는데 결국 사실로 판명 나고 말았다." 게다가 직원들이 주차장에서 주먹다짐을 한 일도 있었고 한 직원은 근무 도중 있었던 사소한 말싸움을 이유로 다른 직원의 자동차 타이어에 구멍을 내는 사건까지 발생했다. 회사에서의 스트레스가 만만치 않았기 때문이었다. 그러나 2년 만에 루디는 상황을 반전시켰고 7년 된 그의 회사는 6500만 달러(약 876억 8500만 원)의 매출을 올리는 승자가 되었다. 무엇보다 중요한 점은 다시 일이 재미있어졌고 회사는 돈을 벌어들이고 있다는 사실이었다.

익스프레스 메드는 소기업에서 고속 성장 기업으로 성공적으로 탈바꿈했다. 하지만 이런 과정을 이겨내는 엘리트 기업은 전체의 4퍼센트 정도에 불과하다. 코그네틱스Cognetics의 창업자이면서 기업 성장 통계를 공식적으로 관리하는 데이비드 버치David Birch는 4년 연속으로 연평균 20퍼센트 이상씩 성장하는 고속 성장 기업에 '가젤'이라는 별명을 붙였다. '가젤' 기업은 인력을 감축하는 거대하고 오래된 '코끼리' 기업이 아니며 너무 작아서 소수의 인력밖에 채용하지 못하는 '생쥐' 기업도 아니다. '가젤'은 비록 처음에는 '생쥐'로 시작하지만 세계 경제 성장의 3분의 2 이상을 부채질하고 있으며 실질적으로 새로 창출되는 모든 일자리를 만들어낸다.

통계가 보여주듯 규모를 키워 '가젤'이 되는 일은 쉽지 않다. 기업가는 잠재적으로 치명적일 수 있는 특정한 도전을 거치며 이를 극복해야 하기 때문이다. 그나마 희소식이라고 할 수 있는 부분은 성장의 장애물이 무엇인지 알려져 있고 어느 기업가든 이 같은 장애물을 다루기 위한 도구들을 손아귀에 쥘 수 있다는 점이다. 회사를 성장의 단계마다 즐겁고 수익성 있게 운영하기 위해서는 올바른 도구를 찾아내고 이를 구현할 수 있는 규율이 필요하다.

그런 점에 가장 정통한 인물로 몰리 윌모트Molly Wilmot를 들 수 있다. 몰리는 작은 머핀 회사를 구상하고 있었다. 빵을 만들어 시애틀 도심의 사무실에 배달하는 사업이었다. 몰리는 당시 갓 대학을 졸업한 21세의 젊은 여성이었다. 경영학을 전공한 몰리는 동료와 자금을 조달해 회사를 창업할 수 있을지 사례 연구를 했다. 모스틀리 머핀스 Mostly Muffins라는 회사 이름도 그때 나온 것이다. 결과적으로 모스틀리 머핀스는 4년 만에 매출 100만 달러(약 13억 4900만 원)를 돌파했다. 빵에 이어 커피도 고객들로부터 사랑받았다.

스타벅스 매장, 항공과 미국 철도 노선의 환승역, 식료품 가게 등을 통해 하루 5~6만 개의 제품을 판매하던 모스틀리 머핀스는 2012년 마침내 매각되었다. 모스틀리 머핀스는 엄청나게 사업을 확장하는 가운데 이 책에서 설명한 회사 경영의 기본에 충실한 덕분에 현금 수입을 2배로 늘리고 동종업계 평균의 3배에 달하는 이익profit을 얻었다. 그뿐만 아니라 매출총이익을 6퍼센트 포인트 높일 수 있었다. 몰리는 회사의 최고경영자로서 전성기를 누렸다. 그녀는 "자신 있게 고개를 들고 다니며 눈동자는 항상 기회를 찾아 주위를 두리번거리고 있다"라며 만족감을 드러냈다.

몰리가 고가 커피 열풍을 타고 사업을 키울 수 있었던 이유는 단지 운이 좋았을 뿐이라고 생각하는 사람이 많겠지만 중요한 사실은 몰리와 그녀의 파트너는 회사를 운영하는 과정에서 특별하고 신중한 선택을 했다는 점이다. 기업의 규모를 키우려는 사람이면 누구나 몰리와 같은 선택을 해야 할 것이다. 몰리는 "기업의 성장 단계와 회사 안에서 혹은 최고경영자로서 맞닥뜨리게 되는 이슈는 충분히 예측 가능하다. 의문의 여지 없이 교과서적이기 때문이다."라고 말했다.

그녀가 언급한 '교과서'는 이 책에서 설명하는 성장하는 기업이 일반적으로 부딪히는 세 가지 근본적인 장애물을 말한다. 첫째, 경영진은 리더십을 바탕으로 업무를 위임하고 미래를 예측하는 능력을 갖춰야 한다. 둘째, 성장에 따라 복잡해지는 업무에 대처할 수 있도록 시스템과 구조를 갖춰야 한다. 셋째, 더 거대한 시장에서 점점 더 까다로워지는 시장의 역동성에 주목해야 한다.

## 혼자서 일하지 마라

기업가 대부분은 실제로 자기 회사 직원들을 포함해 다른 사람과 함께 일하기를 그다지 좋아하지 않는다! 이런 점 때문에 전체 기업의 96퍼센트가 종업원 수가 10명 미만이고, 이 중 상당수가 종업원 수 3명 미만의 소기업에 머무르고 있다. 회사를 키운다는 결정이 그만큼 쉽지 않다는 뜻이다.

매출이 약 10억 달러(약 1조 3490억 원)에 육박하는 장애인 이동용 보조 기구 회사인 스쿠터 스토어The Scooter Store의 최고경영자 텍산 더그 해리슨Texan Doug Harrison은 회사를 구멍가게 수준에서 벗어나게 하고 성장 속도를 높이는 계기가 됐던 사고의 전환을 생생하게 기억하고 있다. 해리슨은 "회사 성장의 발판이 됐던 회의를 어제 일처럼 기억하고 있다. 우리 지역 호텔 홀리데이 인 선샤인 룸에서 가진 회의였다"라며 옛 기억을 끄집어냈다. "우리는 지역 사업망을 만드는 데 몇 년을 허송세월하고 있었다. 시스템이 준비되지 않았다는 사실을 알았고 회사를 키우려면 가족들에게도 소원해질 수밖에 없다는 점도 알게 됐다. 그러나 일단 소폭이나마 이익을 내기 시작하면 사업이 커지리라는 것도 알았다." 비슷한 사업 기회를 노리고 있다가 결국 잠재적 경쟁자가 된 한 지인의 존재도 해리슨이 결단하는 데 도움이 되었다. 더 많은 재능이 필요한 시기가 온 것이다.

"실제 처음 머리에 떠오른 생각은 종업원들이 사업에 동참하도록 하지 못한다면 내가 가진 것은 기업이 아니라 그저 일자리에 지나지 않는다는 깨달음이었다. 마치 누군가 내게 빛을 환하게 비추는 것 같았다. 우수한 인력이 내 주위에서 함께 일할 수 있도록 만들 필요가 있었다. 최저 생계비 수준의 임금으로는 사람을 계속 고용할 수 없었다." 친구와 가족들은 반대했다. 경험 있는 영업직, 운영직, 재무직 인력을 채용하기 위해 거액 연봉을 지불하기엔 아직 너무 이르다는 의견이었다. 그러나 해리슨은 자신의 결정을 밀어붙였다. "그해 사업장을 두 곳에서 다섯 곳으로 늘렸지만 회사는 예전보다 잘 통제되고 있다고 느꼈다."

경영 이론가들이 주장하는 것처럼 권한을 위임하는 일은 중요하다. 만약 혼자서 목욕탕 수건을 평범한 흰색으로 할지 아니면 푸른 줄무늬가 있는 것으로 할지 결정해야 하는 경영방식이라면 옳지 않다고 판단했다. 게다가 석유 엔지니어 출신인 해리슨은 재무나 영업 방면으로는 전문적인 소양이 부족했다. 사소한 일에서 손을 떼야 했을 뿐 아니라 최고경영자나 설립자로서 혹은 리더나 전략가로서 역할을 시작해야 했다. 회사를 키우기 위해 그가 진정으로 해야 할 일에 집중하려면 관리자를 적절하게 활용해야 했다.

## 시스템과 구조

경영 구조가 자리를 잡으면 시스템도 곧 따라간다. 시스템과 구조는 회사가 커짐에 따라 거의 기하급수적으로 늘어나는 복잡한 상황에 대한 논리적 대응이기 때문이다. 1983년 애리조나주 투손에서 동업자와 둘이 저장 탱크와 파이프 누수를 탐지하는 회사인 트레이서 리서치 그룹Tracer Research Group을 창업한 새넌 마티Shannan Marty는 이렇게 표현한다. "매출이 약 800만 달러(약 107억 9200만 원)에 도달하거나 종업원 수가 50명에 이르면 한 번에 처리하기 힘든 규모에 이른 것이다. 회사 상황을 더 잘 파악해야 한다는 사실을 알았기 때문에 자리를 새로 만들어 인력을 채용했다." 트레이서 리서치 그룹은 결국 〈포천〉지 선정 100대 기업에 매각되었다.

새로 채용된 임원 중 상당수는 피나Fina, US웨스트US West, 라마다Ramada와 같이 훨씬 큰 회사에서 온 사람들이었다. 마티는 "그들은 모두 놀랄 만큼 능력 있는 인재들이었다. 외부에서 새로 채용한 임원들이 없었다면 우리 회사는 오늘날만큼 성장하지 못했을 것"이라고 말한다. 신규 임원의 채용과 함께 트레이서 리서치 그룹은 급여 계획, 성과 평가, 정보 시스템, 전략 계획 수립과 같은 시스템을 갖추게 되었다. 회사가 커지는 과정을 함께해온 기존 직원들에게 부족한 부분이었다. 그러나 신규 직원 채용에 관한 결정은 신중할 필요가 있었다.

"나중에 곰곰이 생각해보니 신규 인력이 너무 많다는 생각이 들었다. 급기야 문화 충돌 현상까지 벌어졌다. 잘 조직된 대기업에서 근무하다 보니 수직적이고 관료적인 커뮤니케이션에 익숙한 사람들이 많았고 그런 점들이 기존 직원들을 옥죄고 있었다. 불만을 토로하는 장기 근속자들이 많아졌고 결국 이직률이 늘어났다"라고 마티는 설명했다.

"나는 의사 결정의 많은 부분을 새로 채용한 임원들에게 넘겼다. 그들의 아이디어에 귀를 기울이고 그들의 선택을 존중했다. 옳지 않다는 사실을 직감했을 때도 그들의 경험을 존중하고 따랐다. 그러나 실제로는 창업해서 회사를 꾸려온 나보다 경험이라는 측면에서 그들이 더 낫지는 않았다." 마티는 결국 상당히 관대한 조건으로 퇴직 보상금을 주기로 합의하고 그 직원들을 내보냈다. 그리고 외부 인사들이 오면서 갑자기 이인자로 밀려났던 직원들이 다시 자신의 자리로 복귀했다.

### 데이터가 예측력을 높인다

조직을 만들고 시스템을 정비하는 궁극적인 목적은 예측 가능성을 높이기 위해서다. 만일 회사가 현재 어디에 있는지, 그리고 이번 주, 이번 달, 이번 분기 그리고 올해 어디로 향하고 있는지 알지 못한다면 그 회사는 성장 궤도를 달리고 있지 않을 뿐더러 생존 가능성도 확신할 수 없다.

앨라배마주 머슬 숄스에 있는 매키니 목재 회사McKinney Lumber는 소규모 가족 기업이었다. 가업을 물려받은 조 매키니Joe McKinney는 회사를 거의 9천만 달러(약 1214억 1천만 원) 매출을 올리는 회사로 키웠다. 이 회사가 성공할 수 있었던 비결은 매키니가 수량 지표와 계수에 깊이 파고들었기 때문이었다. 매키니는 점심을 샌드위치로 대신해가면서 전 직원을 대상으로 매출총이익과 판매비용 등의 용어 부터 교육했다. 그는 다른 산업에서 따온 공장 생산성 지표를 자신의 회사에 적합하게 수정한 '단기 지표'를 도입하고 보급했다. 이 지표 는 회사 전체 조직이 결산할 때 흑자를 낼 수 있을지 매일 체크하는 역할을 했다. 매키니는 "언제나 단기 지표를 따지고 변화 추이를 살 피다 보니 설령 좋지 않은 수치가 나오더라도 현재 우리의 위치를 확 실하게 알 수 있는 토대가 됐다"라며 미소 지었다.

앞서 소개한 모스틀리 머핀스의 최고경영자 몰리가 단기 지표의 개념을 실제로 도입한 이유도 시의적절하게 정보를 얻을 수 있다는 점 때문이었다. 몰리는 "2년 전, 우리가 일일 마감 자료를 산출하지 않을 때는 회계법인으로부터 월 단위 실적 자료를 받았다. 그러다 보 니 1월 실적을 2월 셋째 주에야 알 수 있었다. 지금은 생산이나 판매 를 하루 망치면 바로 그다음 날 알 수 있다. 그래서 해당 팀에 필요한 조치를 즉시 취할 수 있다."라고 설명했다.

기업 성장과 관련 있는 다른 모든 요소들처럼 예측 가능성을 갖추 는 것은 기업의 수익이 늘어나고 이해관계가 복잡해짐에 따라 점점 힘들어진다. 매키니는 "케이크를 만들기 위해 재료를 계산할 때는 계량컵만 있으면 된다. 하지만 공식 만찬회를 준비하기 위해서라면 더 큰 용기가 필요하고 정확해야 한다. 10에 대한 2퍼센트의 오차율은 별것 아니지만 1000에 대해서는 200에 해당하는 오류가 발생하기 때문이다. 따라서 회사가 성장함에 따라 시스템의 허용 오차를 줄이려는 노력이 필요하다."라고 말했다.

## 5대 경영 목표

회사를 키우기 위해선 회사에 집중해야 한다. 하지만 직원 수가 30명 선을 넘으면 매일 직원 개개인과 의사소통하기 어려워진다. 어떻게 직원 모두를 조직 목표와 일치시키고 그들의 마음을 한데 모을 수 있을까? 고속 성장 기업은 이를 위해 매 분기 다섯 개를 넘지 않는 선에서 우선순위 목표를 정한다. 그리고 그 가운데 나머지 목표에 우선하는 으뜸 목표를 정의한다. 이를 5대 경영 목표와 으뜸 목표로 부른다.

버지니아주에 있는 소프트웨어 프로젝트 회사인 카니Carney는 한 해 매출 190만 달러(약 25억 6310만 원)에서 430만 달러(약 58억 70만 원) 규모로 성장했고 그다음 해에는 또다시 두 배를 넘겼다. 이 회사 설립자이자 최고경영자인 존 카니John Carney는 분기마다 5대 경영 목표와 회사의 여덟 가지 핵심 가치를 정하고 가로 8.5센티미터 세로 11센티미터 종이에 적어 직원들이 늘 볼 수 있도록 한다. 조직 목표와 개인 목표를 일치시키기 위해 같은 종이에 직원 개개인이 정한 해당 분기의 다섯 가지 목표를 적는 칸도 마련한다. 이 방법을 통해 직원들은 무엇이 중요한지를 항상 염두에 둘 수 있다. 프로젝트 예산 지키기(이미 몇몇 프로젝트는 예산에 맞추지 못했다)와 같은 우선순위가 있는 경영 목표와 변화에 빠르게 적응하고 회사 자원을 현명하게 관리하기와 같은 회사의 핵심 가치를 종업원들에게 상기시키는 것이다. 또 이 같은 방식은 간단하지만 효과적인 분기별 성과 평가 시스템으로도 유용하다.

존은 이 같은 부착물이 회사 방문객에게 깊은 인상을 준다는 점을 이렇게 설명했다. "방문객들에게 회사를 구경시킬 때 종업원 모두가 자기 책상에 네 가지 색깔로 된 5대 경영 목표와 으뜸 목표를 붙여놓고 있으면 방문객은 감탄한다. 고객, 거래 은행, 취업 희망자들에게 우리는 뭔가 다르다는 점을 뚜렷하게 암시할 수 있다. 우리가 일에 몰두하고 있고 사업을 제대로 하고 있다는 안도감을 전달할 수 있다."

많은 고속 성장 기업처럼 존의 회사도 주제가 있는 분기 목표를 운용하고 있다. 존은 동기 유발을 위해 처음에는 '시작'을 주제로 정하고 우주과학 교육 챌린저 센터에서 열리는 모든 회사 행사에서 이를 소개했다. "우리 회사의 현재 주제는 '구각 탈피舊殼 脫皮(Escape

Velocity)'다. 마치 우주선이 지구 중력에서 벗어나야 우주로 향하는 것처럼 우리도 조직이 커짐에 따라 구태의연한 기존 방식에서 벗어나야 한다. 이를 위해선 엄청난 에너지가 필요하다." 카니는 종업원들이 매출 목표를 달성할 때마다 포상하거나 실적을 공개하는 등 테마에 따른 축하 행사를 벌인다.

판매 관련 주제를 목표로 삼는 회사가 많지만 다른 분야의 목표에도 관심을 갖는 게 중요하다. 스쿠터 스토어의 해리슨은 "매년 마지막 분기에는 판매 이외의 분야에서 목표를 정하려고 한다"라고 말한다. 해리슨은 판매는 최고 속도로 늘어나고 있는데 다른 분야는 기력을 잃고 있다는 사실을 깨닫고 난 뒤부터 이런 방식을 도입했다. 그래서 그는 '불량률 제로' 등과 같이 개선이 필요한 몇 개의 다른 분야 목표도 설정하는 초현대적인 '사이-파이sy-fi(systems-finance)' 주제를 정했다. 이는 불량품을 발견하기 위한 체계적인 절차였다. 데이터를 축적해 왜 불량품이 생기는지 규명하고, 불량품 발생의 근본 원인을 찾아 이를 해결하기 위해 표준화된 품질 개선 기법을 활용했다.

다음 해 해리슨은 고객이 회사와 거래할 때마다 '와우!'라는 감탄사를 터뜨리도록 하겠다는 취지에서 '고객 감탄와우'을 주제로 정했다. 해리슨은 임직원들과의 첫 회의 장소에 코끼리를 타고 입장하는 방식으로 첫 '와우'를 이끌어냈다. 임직원들 앞에서 해리슨은 '와우'에 걸맞은 목표 한 가지를 제시했다. 장애인 고객이 사용하는 이동기구의 바퀴에 문제가 생겼을 때 수리하는 시간을 줄이자는 내용이었다. 해리슨은 "보통 업계 평균은 수리하는 데 일주일이 걸린다. 일주일 내내 고객들은 움직이지 못하는 것이다. 우리는 수리 시간을 하루로 단축한다."라고 설명했다.

속임수처럼 들릴지 모르겠으나 분기별 주제는 동기를 유발해 목표를 달성하는 데 정말로 강력한 효과를 발휘한다. 또한 전 임직원을 한 가지 최우선적인 분기 목표에 집중하게 만든다. 이를 통해 임직원들은 분기별 목표를 이해할 수 있을 뿐만 아니라 신나게 몰입할 수 있다. 모스틀리 머핀스의 몰리는 이렇게 표현한다. "100명의 종업원 모두가 단 하나의 우선순위에 따라 일할 수 있다면 여러분이 성취한 결과에 놀랄 것이다."

## 리듬을 살려라

직원들을 집중시키고 즐거움을 주는 것이 목표 주제라면, 분기 목표를 달성하도록 하는 요인은 직원 모두에게 목표를 알리고 목표와 하나가 되며 책임감을 느끼도록 만드는 일일 및 주간 리듬이다. 고속 성장 기업이 되려는 신생 기업이 도입할 만한 가장 성공적인 실천법은 일일 회의다. 회의 시간은 그룹별로 15분을 넘지 않으며 대면 회의도 좋고 전화도 좋다. 목표에 얼마나 접근했는지를 축하하거나 목표 달성을 가로막는 장애물이 무엇인지 명확히 하는 자리를 마련하는 것이다. 록펠러는 스탠더드 오일을 키우는 19년 동안 매일 임원들과 그러한 회의 리듬을 유지했다. 물론 경영 수치를 따지고 우선순위 목표를 점검하는 것도 잊지 않았다. 이 같은 록펠러의 세 가지 습관 – 우선순위 목표, 데이터, 회의 리듬 – 은 회사가 성장하면서 나타나는 장애물을 처리하고, 조직이 목표 달성에 매진할 수 있도록 하는 중요한 경영 도구다. (록펠러의 세 가지 습관에 대한 더 자세한 내용은 2장을 참조하라.)

모스틀리 머핀스의 몰리는 "매일 아침 9시부터 9시 45분까지 단 45분간 회사 전체는 한마음이 됐다. 처음에는 임원들끼리, 나중엔 부서별로 시간을 가졌다. 5대 경영 목표와 으뜸 목표를 되새기고, 목표 달성에 방해가 되는 장애물이 있는지 살피고, 각자의 실적 수치를 보고하고, 인사로 회의를 마무리했다."라고 전한다.

일일 회의는 조직원들에 목표를 주지시키는 역할을 하면서도 분기 목표에 얼마나 접근했는지 다뤄야 하는 주간 회의에서 자칫 골칫거리로 등장할 문제를 미연에 방지하는 역할도 한다.

이처럼 일일 및 주간 단위의 리듬감은 성장하는 기업의 맥박이라고 할 수 있다. 이를 최고로 활용하기 위해 어떤 회사들은 아예 우선순위 목표, 핵심 가치, 수치 차트, 시장 데이터 등으로 벽을 가득 채운 특별 회의실을 따로 만들기도 한다. 스쿠터 스토어의 더그 해리슨은 이렇게 말한다. "우리 경영진은 회의실을 중요한 경영 수치들로 가득

한 상황실이라고 부른다. 상황실은 우리를 집중하게 만들므로 매우 효율적이다.”

바쁜 와중에 일일 및 주간 회의 시간까지 마련한다는 게 일견 지나친 충격 요법처럼 보일지 모르지만 이를 실행에 옮긴 고속 성장 기업은 전율할 만한 결과를 얻는다. 익스프레스 메드의 앨런 루디는 “스탠딩 회의는 익히 들어서 알고 있었다. 우리도 직접 서서 회의해 보기도 했지만 30분 이상 서 있다는 것은 인내력 테스트에 불과했다. 회사 얘기를 다 끝내지도 못했는데 피곤함이 몰려 회의를 마친 적도 있다.”라고 말했다. 요즘 루디의 회사 회의 시간은 길어야 10분이다. 정해진 순서에 따라 실적 수치를 보고하고 돌아가면서 애로사항은 없는지, 실적을 달성한 부분은 있는지 점검하고 부지런히 문제 해결 팀을 선정한다.

앨런은 “정해진 순서에 따라 일상화된 회의가 우리를 자유롭게 만든다는 말이 맞았다. 나는 구조화를 좋아하지는 않지만 하고 싶은 일을 모두 하려면 체계는 꼭 필요하다. 일 년 동안 300명의 직원이 함께한 200여 차례의 회의는 회사를 올바른 방향으로 이끌었다.”라고 덧붙였다.

## 시장을 읽어라

시장은 지난 몇 년간 우리가 보아온 것처럼 당신을 현명하게 보이게 할 수도, 바보로 보이게 할 수도 있다. 트렌드와 함께 움직이면 승리자가 되겠지만 시장 움직임에 역행하면 시장은 여러분을 짓밟을 것이다. 세인트루이스에 있는 로렌스 그룹 컴퍼니스The Lawrence Group Companies의 건축가 스티브 스미스Steve Smith는 사업을 시작한 지 6년 만에 그런 순간을 마주하게 되었다. 디자인과 라디오 방송국 건립을 전문으로 하면서 보건과 대학 분야에도 관심을 쏟고 있던 스미스는 라디오 업계의 합병을 목격하고 시장의 추세와 발을 맞출 필요가 있음을 느끼기 시작했다. 업계 대대수가 건축가를 사업이 아니라 하나의 직업으로 인식하고 있었지만 그는 생각이 달랐다. "건축가 대부분은 빌딩 디자인을 생각하고 있었다. 우리는 비즈니스를 디자인하겠다고 결정하고 라디오 방송국 등 빌딩을 디자인할 사람을 찾았다."

이 같은 발상의 전환은 그가 받아들인 또 다른 인터넷 부상이라는 시장의 힘과 결합했고 스미스는 전국의 건축 실무를 중앙 관리 네트워크로 처리하는 새로운 비즈니스 모델을 만들 수 있었다. 스미스는 "우리도 남들과 똑같은 도전을 마주했지만 이 같은 성장 지향적인 사고방식은 우리를 남들과 다르게 만들었다"라고 말한다. 스미스는 크게 생각할 뿐만 아니라 더 멀리 나아갔다. 사업에 핵심 가치를 도입하고(4장 참조), 사업이 복잡해짐에 따라 이에 걸맞은 시스템, 수치, 조직을 갖춘 덕분에 로렌스 그룹은 세인트루이스에서 '가장 일하고 싶은 회사'로 선정될 정도로 뛰어난 조직 문화와 규율을 세우게 되었다.

회사가 성장함에 따라 시장 압력은 증가하고 전략적인 의사 결정에 따라 성패가 크게 갈릴 수 있다. 매출이 1천만 달러(약 134억 9천만 원) 이상인 회사의 경우 최고경영자들은 회사 밖 시장에서 어떤 일이 일어나는지에 가장 큰 관심을 기울여야 하는데도 회사 내부에 신경을 더 많이 쓰곤 한다. 조 매키니는 회사 내부와 외부에서 무슨 일이 벌어지고 있는지 잘 알지 못하면 회사를 키우려는 의사 결정은 위험하다는 사실을 쓰디쓴 경험을 통해 배웠다.

매키니는 "업계에서 회사가 어느 정도 위치를 차지하고 있는지 알아야 한다. 그리고 다음 단계로 올라가려고 하기 전에 모든 부분이 제대로 준비됐는지 파악해야 한다. 산에 오르다 옆으로 떨어지는 일은 치명적이기 때문이다."라고 표현했다. "당신이 한 번의 도약으로 다음 성장 단계의 고원으로 가기 위해 협곡 전체를 가로질러야 할 때 유념해야 할 부분이 있다. 두 번 도약할 수는 없다. 어쩌면 도약할 필요 자체가 없을지도 모른다. 이쪽의 호랑이가 협곡 저편의 사자만큼 사악하지 않을 수도 있지 않은가."

분명한 사실은 회사 규모를 키우는 일은 어느 단계에 도달했을 때 큰 고난을 맞딱들이게 되므로 성공적인 최고경영자 중 상당수가 출구 전략을 모색한다는 점이다. 새넌 마틴은 사업이 제대로 풀리지 않아 몹시 실망한 나머지 회사를 매각하려고 했다. 그러다 회사의 보유 기술이 시장의 관심을 얻게 되면서 돌파구가 생긴 덕분에 그녀와 동료는 매각 계획을 접을 수 있었다. 익스프레스 메드가 어려운 시기를 지날 때 앨런 루디도 사업을 그만두거나 즐겁게 일할 수 있는 수준으로 규모를 줄이는 방안을 고려했다.

## 자신을 키워라

우수한 최고경영자는 힘든 시기를 자신과 자신의 역할을 새로운 시각으로 돌아보는 계기로 삼는다. 모스틀리 머핀스의 몰리 윌모트 역시 경영진에 대한 교육에서 지시 사항 전달까지 복잡한 관리 업무가 늘어나면서 자신의 역할을 재평가하고 재정의하게 됐다고 말한다. "나만의 특별한 능력은 사람들과의 소통이라는 사실을 깨닫게 됐다. 우리가 누구며, 어디로 가고 있는지를 파는 것이라고나 할까? 이젠 내가 수치를 관리할 필요는 없었다. 이미 그런 일을 해주는 조직이 있었기 때문이다. 이제 가능성은 무한해 보인다. 회사를 어떻게 키울 것인가 생각할 때 중요한 전략적 질문은 '내가 어떤 사람이 되어야 하는가, 나는 무엇을 해야 하는가'라고 할 수 있다."

앨런 루디는 컨설팅의 도움을 통해 자신이 중간 관리자들에게 너무 적은 권한을 주고 있었으며 그들에게 지나치게 혼란스러운 지시를 내리고 있다는 사실을 깨달았다. 그는 한발 뒤로 물러났다. 그리고 약간의 인성 교육을 받은 뒤 새로 고용한 대표에게 매일의 관리 감독 기능 대부분을 넘겼다. 수량적인 관리 지표와 각종 회의 등 그가 구축한 경영 구조는 회사를 활기차게 만들었다. 여유가 생긴 앨런 루디는 새로운 프로젝트와 인수 업무에 주력할 수 있었다.

"이 모든 것들이 어떻게 우리 회사를 변화시켰는지 놀랍기만 하다. 이제 나는 생각하고 무언가 시도할 시간이 생겼다. 내 진정한 능력은 사람들이 무엇을 필요로 하는지 귀를 기울이는 것이다. 나아가 경쟁자, 고객들과 대화를 나누고, 그에 맞춰 사업을 꾸려나가는 것이다. 내가 회사 내부 일에만 매달려 있을 때는 회사를 발전시키기 어려웠다. 지금 나는 예전보다 좀 더 최고경영자다워졌다."

루디는 익스프레스 메드를 떠난 후 록펠러 습관을 사용해 추가적으로 몇 가지 사업을 확장했다. 이제 루디에게 비즈니스는 즐겁고 자신과 경제 전반에 이익을 가져다주는 존재다. 비즈니스 확장의 추가적인 이점이다. 그리고 이런 일은 도약을 선택하기만 하면 여러분에게도 충분히 가능한 일이다.

## 성장의 장애물

미국에는 약 3200만 개의 기업이 있으며 그중 6퍼센트만이 100만 달러(약 13억 4900만 원) 이상의 수익을 올리고 있다. 이들 기업 10곳 중 1곳, 즉 전체 기업의 0.5퍼센트만이 수익 1천만 달러(약 134억

9천만 원)를 달성하며, 1억 달러(약 1349억 원)를 돌파한 기업은 5만 6천 개에 불과하다. 그리고 상위 500대 공기업과 민간기업 수익은 60억 달러(약 8조 940억 원)를 넘는다. 데이터에 따르면 다른 나라도 비슷한 비율을 보인다. 기업은 이 성장 경로를 따라 이동하면서 예측 가능한 진화와 혁명을 겪는다(그림 1-1).

다음 단계로의 성장을 방해하는 세 가지 장애물인 리더십, 시스템과 구조, 시장 동학에 대해 살펴보자.

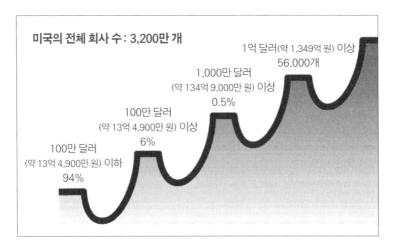

**미국의 전체 회사 수: 3,200만 개**

100만 달러
(약 13억 4,900만 원) 이하
94%

100만 달러
(약 13억 4,900만 원) 이상
6%

1,000만 달러
(약 134억 9,000만 원) 이상
0.5%

1억 달러(약 1,349억 원) 이상
56,000개

그림 1-1

## 리더십

경영진이 지휘하는 대로 회사 전체가 따라 움직인다. 회사 조직에 어떠한 강점과 약점이 있는지 보려면 경영진의 응집력과 상호 신뢰 수준, 능력, 규율, 정렬, 존중의 정도를 따져보면 된다. 효과적인 리더에게 가장 중요한 두 가지 속성은 예측력과 권한위임이다. 예측력 범주에는 시장 움직임을 예상하는 설득력 있는 전략을 세우는 능력도 포함된다. 리더가 몇 년 앞까지 내다볼 필요는 없다. 다만 시장과 경쟁, 그리고 앞서고 있는 분야에서 몇 분 앞을 읽을 수 있으면 된다. 그리고 매출과 수익을 정확하게 예측하는 능력은 월가나 공공시장에서 리더십을 상대로 끊임없이 요구하는 부분이다.

효과적인 리더십의 두 번째 속성인 권한위임을 살펴보면 왜 대부분 회사의 종업원 수가 10명 미만인지 이해할 수 있을 것이다. 다른 사람들이 당신만큼 혹은 당신보다 나은 결과를 이루도록 유도하는 것은 리더십의 가장 어려운 측면이지만, 회사를 키우기 위해선 필수적인 일이다. 이런 이유로 기업가 대부분은 혼자서 기업을 경영하거나 소수의 직원과 함께 회사를 꾸려나간다. 종업원 수가 10명인 회사에서 한 단계 더 성장하려면 창업자는 자신이 취약한 부분을 다른 직원에게 위임하기 시작해야 한다. 회사 직원이 50명에 가까워지면 회사 일인자의 어떠한 강점도 조직의 단점으로 변할 수 있다. 직원이 50명을 넘어서면 중간 리더와 경영의 최전선을 담당할 리더 등 다양한 층위의 리더를 세우는 문제가 중요해진다. 기업의 성공은 고위 경영진이 다음 단계의 리더십을 어느 정도까지 성장시키느냐에 따라 결정되며, 그들에게 차례로 가르쳐 효과적으로 예측하고 위임하도록 해야 한다.

성공적인 권한위임은 인재를 적재적소에 배치하는 문제에서 시작한다. 훌륭한 인재 한 사람이 괜찮은 능력을 갖춘 세 사람을 대체할 수 있다는 법칙을 염두에 둬야 한다. 올바른 인재를 갖추고 나서 그들이 무엇을 해야 하는지를 파악하고, 진행 상황을 모니터링하기 위한 측정 시스템을 만들고 피드백을 제공한 후 적절한 시기에 맞는 인정과 보상을 제공하는 총 4단계를 따른다.

## 시스템과 구조

조직이 성장함에 따라 복잡도는 커진다. 복잡도에 대한 수학 공식에 따르면 조직이 생산하는 제품의 수, 직원의 수 혹은 생산 설비 수가 각각 2였던 조직의 각 수치가 2배로 성장하면 복잡도는 12가 된다. 이는 자연의 힘이다. 단세포 원생동물인 아메바는 하나의 세포로 필요한 모든 것을 할 수 있지만, 세포 수가 증가함에 따라 유기체는 먹이, 제거, 순환, 생식 등을 위한 하위 시스템을 개발하기 시작한다. 회사도 마찬가지다. 복잡도 증가는 스트레스, 의사소통의 실패로 이어지고 실패에 대한 값비싼 대가를 치르는 일이 늘어나며, 고객 서비스는 더 뒤떨어지고 결국 전반적인 비용이 더 커지기 마련이다.

이 같은 문제에 빠지지 않으려면 조직은 적절한 시스템과 구조를 갖춰야 한다. 종업원 수 2명에서 10명인 기업으로 도약하기 위해서는 가장 먼저 향상된 전화 시스템과 더 구조화된 사무실 공간이 필요하다. 종업원 수가 50명인 회사로 성장하기 위해서는 전화와 공간뿐만 아니라 어떤 프로젝트, 어떤 고객, 어떤 상품이 실제로 수익을 내는지 정확하게 알려줄 회계 시스템이 필요하다. 종업원 수가 50명을 넘어서면(혹은 매출 1천만 달러에서 5천만 달러 규모의 회사가 되면) 일반적으로 전반적인 정보 시스템이 향상되어야 한다. 그리고 매출 5천만(약 674억 5천만 원) 달러를 넘어서면 조직의 모든 시스템을 하나의 고객과 직원 데이터베이스에 연결하기 위해 모든 요소를 재정비해야 한다.

이번에는 구조를 생각해보자. 회사가 점점 커짐에 따라 조직의 구조 문제에 관심을 기울이는 일은 점점 중요해진다. 핵심은 세 가지 형태의 조직도로 요약된다. 첫 번째 조직도는 대부분이 알고 있는 표준적인 위계 조직도standard hierarchical organizational chart다. 책임도 accountability chart라고 불러도 좋다. 두 번째 유형은 작업 프로세스 혹은 작업 흐름을 보여주는 도표이다. 세 번째는 '유사 매트릭스(Almost Matrix)'라고 불리는 것으로 조직 기능과 조직이 커짐에 따라 형성되기 시작하는 여러 사업부와의 관계를 보여준다.

책임도 회사 조직 내에서 명확하게 책임이 부여되지 않으면 회사가 교착상태에 빠지거나 의사소통의 착오가 빈번하게 발생하곤 한다. 모든 프로젝트와 손익계산서상의 각종 품목, 우선순위, 공정 등을 궁극적으로 책임지는 한 사람이 필요하다. 물론 부차적인 책임과 업무를 완수할 의무를 가진 수백 명이 있을 수 있다.

책임도를 만드는 두 가지 기본 규칙이 있다. 우선, 도표에 '추후 결정' 표시가 들어가면 안 된다. 한 직책을 머리에 떠올리고 비록 자리만 차지하고 있는 사람이라고 하더라도 누군가의 이름을 그곳에 기록하자. 회사에서 해당 직책에 제대로 맞아떨어지는 사람을 아직 찾아내지 못했을 때 직책 앞에 '대리acting'라는 용어를 쓰기도 한다.

둘째, 조직에는 선임이지만 남을 이끌어서는 안 되는 사람이 있기 마련이다. 이런 일부 자리를 조직도에서 삭제하는 것도 좋은 방안일 수 있다.

**작업 프로세스 도표**  책임도는 도표 전체를 점선으로 도배하지 않는 한 기업을 운영하는 데 필수적인 모든 상호 작용을 한눈에 보여줄 수 없다. 따라서 책임도를 깨끗하게 남겨두는 대신 회사의 중요한 업무 흐름을 보여주는 4-9 작업 흐름도를 작성하는 편이 낫다. 이 프로세스에는 고객을 어떻게 확보하는지, 프로젝트가 어떻게 회사에서 만들어지고 굴러가는지, 직원들이 어떻게 선발되고 교육받는지, 고객에게 요금 청구는 어떻게 하고 수금은 어떻게 이루어지는지 등이 포함될 수 있다. 가장 기능을 못 하는 프로세스를 분기마다 하나씩 골라 정리하는 것이 바람직하다. 프로세스는 차고나 복도의 사물함처럼 시간이 지나면 엉망이 되기 때문에 정기적으로 관심을 쏟아야 한다.

**유사 매트릭스**  이 도표는 조직 기능과 조직이 성장함에 따라 형성되는 사업 단위 간의 관계를 보여준다. 각 사업 단위는 회사 안에서 별도의 비즈니스 단위처럼 느끼면서 각자 행동하기 시작한다. 이 사업 단위들은 제품별로, 혹은 고객 틈새시장에서, 또는 지리적인 위치에 따라, 혹은 전체 사업 단위로 조직되면서 마치 모회사에 소속된 자회사처럼 행동한다. 판매 및 마케팅 담당 부사장과 같은 기능적인 리더와 매출을 올리는 판매원을 휘하에 거느린 사업 단위의 장들 사이에서 알력이 발생하기도 한다. 판매 담당자들이 조직 내 누구에게 보고할 것이냐가 주요 문젯거리다. 이런 종류의 긴장 관계는 조직 내에 특정 기능을 중앙 집중화했다가 다시 이를 분산시키는 일을 반복하면서 회사의 에너지를 낭비한다. 우리 입장은 사람들 대부분이 사업부 리더들에게 책임감을 가져야 하며, 기능적인 리더의 역할은 지도하고 모범 사례를 발굴하는 일을 맡아야 한다는 것이다. 이는 실제 사안을 놓고 고민할 문제이며 전문적인 기술이 필요할 만큼 복잡한 이슈다.

전반적으로, 다양한 조직도를 염두에 두고 이 같은 조직도가 업데이트되고 있는지 확인하기 위한 책임 분배가 중요하다. 내 책《규모 확장Scaling Up(록펠러 습관 2.0)》(Rockefeller Habits 2.0)에서 기능 책임도와 프로세스 책임도라는 새로운 한 페이지 도구를 참조하면 된다.

## 시장에 집중하라

당신이 가는 방향과 시장이 일치한다면 무수한 실수마저도 덮어진다. 운이 맞지 않으면 당신의 모든 단점은 드러나기 마련이다. 또한 비즈니스를 성장시키는 일은 직관과는 다르게 흘러가는 측면이 있다. 예컨대 1천만 달러 이하의 매출을 기록 중인 회사가 건강한 조직 습관을 확립하는 데 내부적으로 조금만 더 집중하면 장기적인 성과를 거둘 수 있을 때, 오히려 외부적으로 집중하는 경향이 있다. 반면 매출이 1천만 달러를 넘어서면 조직의 복잡도가 증가하면서 경영진들이 이런저런 내부 문제에 관심을 기울이기 시작하지만, 이때는 반대로 회사 밖의 외부 시장에 신경을 쓰는 것이 더 중요해지는 시기다. 이때는 외부 일에 몰두할 수 있도록 회사 내부 문제를 다루는 건 전문가의 도움을 받는 게 도움된다.

앞서 언급한 도표에서 수익, 매출총이익, 이익, 현금 등 회사의 경영 실적을 측정하는 여러 지표를 고려할 때 중요한 사실은 이 같은 지표들도 주목해야 할 시점이 있다는 점이다. 신생 기업부터 매출 약 100~200만 달러(약 13억 4900만 원~26억 9800만 원) 규모의 회사까지는 수익이 핵심 지표다. 시장에서 관심을 끄는 데 주력해야 할 때이기 때문이다.

이 시기에 해당하는 기업가는 사업 초기에 필요 자금을 스스로 조달하거나 친구, 가족에게 손을 내밀어야 하는 경우가 많다.

매출 100만 달러에서 1천만 달러 규모의 회사는 수익에 계속 신경을 쓰면서 현금 고민도 추가로 해야 한다. 이 단계에서는 전형적으로 기업이 다른 단계보다 매우 빠르고 큰 폭으로 성장하기 때문에 현금도 빨리 소모된다. 게다가 이 단계는 시장에서 어디에 초점을 맞춰야 할지 알아내기 위해 기업이 이런저런 실험을 많이 할 때이기도 하다. 이 같은 실험에는 돈이 많이 든다.

수익이 1천만 달러를 넘어서게 되면 조직 안팎으로부터 압력이 터져 나온다. 외부적으로는 기업이 업계의 주목을 받으면서 위협을 느끼는 경쟁기업들이 감시망을 치기 시작한다. 또 고객들과 회사와의 접촉이 늘어나면서 고객이 가격 인하를 요구하기 시작한다. 동시에 내부적인 복잡도가 증가하면서 수익보다 비용이 더 빨리 늘어나게 된다. 이 모든 것들이 회사의 매출총이익에 압력으로 작용하기 시작한다. 매출총이익이 약간 줄어들면 기업의 회계 시스템이나 교육 훈련 등 인프라에 투자할 현금 여유분이 부족해진다. 수익이 2500만 달러(약 337억 2500만 원)를 넘으면서 이 같은 문제는 눈덩이처럼 순식간에 커진다. 이런 점에서 상품 가격이 떨어지는 것을 막기 위해 기업이 시장에서 뚜렷하게 가치 있는 사업을 영위하는 게 중요하다. 또한 기업 내부 프로세스를 끊임없이 간소화하고 자동화해서 비용을

줄여야 한다. 성공적인 기업은 성장 단계에서도 매출총이익이 증가
할 수 있다.

수익이 5천만 달러(약 674억 5천만 원)에 달할 때까지 기업은 충분
한 경험을 바탕으로 시장에서의 위치를 탄탄히 쌓아 수익성을 정확
하게 예측할 수 있어야 한다. 수익성은 조직의 크기와 상관없이 언제
나 중요하지만 이 단계에서는 특히 중요하다. 약간의 수치 차이가 수
백만 달러를 의미하기 때문이다.

그러므로 리더에게 가장 중요한 기능은 바로 예측력이다. 그리고
성장하는 비즈니스의 근본적인 여정은 예측 불가능한 세상에서 예측
가능한 엔진을 만드는 것이다.

요약하면 비즈니스 성장은 경영진이 성장의 예측 가능한 진화와
혁명이라는 항로를 탐색함에 따라 우선순위를 변경해야 하는 역동적
인 과정이다. 조직 전반의 통솔력을 키우고, 점증하는 복잡도를 관리
하기 위해 시스템과 조직을 갖추며, 사업에 영향을 미치는 시장의 역
동성을 이용하는 것이야말로 재미있고 수익성 높은 비즈니스를 성공
적으로 확장하는 데 필수적인 요소다.

성장하는 기업의 가치를
상승시키기 위해 반드시 해야 할 것

Mastering
The Rockefeller
Habits

# Part 2

인재 적재적소 활용법
마스터하기

# 인적 자본을 최대한 활용하라!

● ● ●

| 경영자를 위한 요약 |

　2장은 기업 가치를 높일 수 있는 세 가지 주요 의사 결정에 대한 전반적인 개념틀을 제공한다. 이 내용은 세계에서 가장 영향력 있는 경영 사상가로 꼽히는 짐 콜린스의 좋은 회사를 위대하게 만들기 위해 무엇이 필요한지에 관한 25년에 걸친 연구와도 긴밀하게 관련되어 있다.

경영진이 내려야 하는 세 가지 기본적인 의사 결정은 다음과 같다.

**1** 우리에게 올바른 인재가 있는가?

**2** 우리가 올바른 일을 하고 있는가?

**3** 우리는 올바른 일을 제대로 하고 있는가?

## 올바른 인재

〈포천〉지는 2000년과 2001년 컨테이너 스토어The Container Store를 '가장 일하기 좋은 기업' 1위로 선정하여 경제계를 놀라게 했다. 사우스웨스트 항공, GE, 마이크로소프트, 사스 등을 제치고 1위에 선정된 컨테이너 스토어는 다양한 가정용품을 파는 소매 체인으로 당시 25개의 점포망을 갖고 있었다. 킵 틴델Kip Tindell과 캐럿 분Garrett Boone이 창업한 이 회사의 웹사이트 [www.containerstore.com]에 들어가 채용정보를 클릭하면 창업자들의 인사 철학을 확인할 수 있는데, 핵심은 훌륭한 한 사람이 괜찮은 세 사람을 대체할 수 있다는 믿음이다.

이 회사는 다른 소매 업체보다 급여를 50~100퍼센트 더 준다. 타 업체보다 적은 인원으로 일 처리를 하기 때문이다. 소매 업계에서는 보통 10시간만 교육 훈련을 제공하는 데 비해 이 회사는 입사 첫해에 200시간이 넘는 교육을 제공한다. 교육 기간이 두세 배가 아니라 20배 이상 많은 셈이다. 다시 한번 강조하지만, 이 기업은 실리콘 밸리 기술 회사가 아니다. 이 소매 유통 업체의 직원 대다수는 그곳에서 일한 경험으로 경력을 쌓을 가능성이 거의 없다.

분명 컨테이너 스토어의 성공 비결은 올바른 인재를 찾았다는 점이다. 성공 공식도 매우 간결하다. 사람을 적게 쓰는 대신 급여를 더 주고 교육 계발 기회를 더 많이 제공하는 것이다. 교육 훈련에 돈을 많이 쓰는데 직원들이 다른 곳으로 이직하면 어떻게 할지 걱정되는가? 조사 결과에 따르면 교육과 계발 기회가 늘어나면 조직에 대한 충성심도 확실히 커진다고 한다. 게다가 대안은 무엇인가? 제대로 훈련되지 않은 직원들이 과연 회사 규모를 키우는 데 도움이 된다고 생각하는가?

첫 번째 질문은 '나에게 올바른 인재가 있는가'이다. 이에 대한 답변을 빨리 찾기 위해서는 기회가 주어진다면 우리 팀에 있는 각각의 인물을 간절히 재고용하고 싶은지 자문해보는 것이다. 두 번째 질문은 특히 경영층과 다른 주요 인물들이 지금부터 3~5년 안에 현재 자리에서 최고가 될 가능성이 있느냐는 것이다(어쩌면 당신은 올바른 인재를 채용하고도 엉뚱한 자리에 앉혀놓았을 수도 있다). 만약 당신이 A급 인재들을 보유하고 있다면 바로 그 점이 세상에서 당신의 회사를 돋보이게 한다.

## 인재 고용은 비전을 파는 것

그동안 채용에 초점을 맞춘 다양한 책이 출간되어왔다(그중 중요한 책 한 권을 본 장의 뒷부분에서 소개하겠다). 그런데 올바른 인재를 얻기 위해서는 오래도록 가슴에 담아둘 만한 몇 가지 기본적인 사항이 있다. 첫째, 채용은 숫자 게임이라는 사실을 이해해야 한다. 우수 인력을 채용하는 기업은 직급별로 지원자가 많은 편이고 대체로 우수한 지원자들이다. 따라서 이 가운데서 고르는 사람은 좋은 선택일 가능성이 크다. 이것이 업계에서 뛰어난 명성을 가진 회사(또는 현지에서 고용하는 경우 해당 지역에서)가 뛰어난 사람들을 계속 고용할 수 있는 이유다.

그러므로 먼저 스스로 질문을 던져보자. 가장 최근에 우리 회사가 인력을 채용했을 때, 특히 임원을 선발했을 때, 괜찮은 사람들이 많이 지원했는가? 채용을 위해 헤드헌팅 회사를 이용했든 (그들이 우수한 인력을 보유하고 있는가?) 혹은 직접 채용 과정을 주도했든 상관없다. 당신이나 당신이 고용한 헤드헌터는 일반적으로 50여 명의 우수한 후보군을 애초에 보유하고 있어야 한다. 인재를 찾기 위한 네트워크가 믿을 만하다면 그들이 많은 고급 인력들과 접촉하고 있다고 확신하는가? 기억하라. A급 인재들은 A급 주변에서 함께 몰려다니는 경향이 있다. 그래서 A급 네트워크를 가진 친구에게 접근하라. 이는 매우 진지한 조언이다.

임원 자리를 채울 수준 높은 지원자 집단에 접근할 때 유용한 수단은 상위 10위 리스트를 작성하는 것이다. 종이 한 장을 꺼내 내일 당장 이메일로 당신이 채용하고 싶은 A급 인재와 연락이 닿는 인물을 적어도 10명(20명이면 더욱 좋다) 적어보라. 그리고 당신 회사를 두 단락 분량으로 소개한 글, 채용하고 싶은 직책, 필요한 자격을 적은 이메일을 작성하라. 리스트에 오른 사람에게 가능한 한 빨리 전화해서 이메일을 보냈다고 알려라. 일주일 후에 그들에게 적당한 사람이 있는지 혹은 적어도 적임자를 알 만한 사람이 있는지 확인하라. 이런 일들은 헤드헌터들이 하는 일이다. 따라서 만약 당신이 이 일을 하기 싫으면 헤드헌터를 고용하라.

이메일을 보내든지, 광고를 내든지, 헤드헌터를 쓰든지, 인디드 Indeed와 같은 온라인 취업 사이트를 이용하든지 간에 중요한 사실은 채용 과정은 회사와 회사의 비전을 파는 것임을 잊지 말아야 한다는 점이다. 당신은 잠재 고객을 끌어들일 때와 똑같은 열정으로 잠재적인 직원에게 당신의 회사를 판매해야 한다. 내 고객 중 한 회사는 광고를 아래 첫 번째 예시에서 두 번째 예시로 바꿨다는 이유만으로 지원자 수가 세 배로 증가하는 결과를 얻었다.

| 채용 광고 |

특별한 기회! 포천 500대 기업을 고객으로 보유하고 있으며 급성장 중인 홍보 마케팅 회사가 회계 담당 임원을 구함(자격 요건만 간략하게 서술).

(수정 후)

| 가장 최근 직장에서 즐거웠던 적이 언제인가요? |

우리 홍보 마케팅 회사에 들어오면 즐거운 시간을 보낼 수 있습니다. 회사는 자그마하지만 포천 500대 회사와 함께 일하는 장점이 있습니다. 우리는 우리 일에 자부심이 있을 뿐만 아니라 즐겁게 일합니다. 우리에게 당신의 창의력과 에너지가 필요합니다. [홍보 매

니저 설명(업무를 개략적으로 서술)과 회계 담당 임원 설명.] 회사에서 즐겁게 일할 수 있길 바랍니다. 이력서는 ○○로 보내주세요.

헤드헌터를 쓴다면 채용하는 자리와 회사에 대한 설명 부분을 헤드헌터와 함께 만들면서 '채용은 회사를 파는 것'이라는 생각을 공유할 수 있도록 한다.

마지막으로 일선 직원 및 일선 경영진 인재들이 기억해야 할 부분이 있다. 여러분에게 최고의 자원은 기존 A급 직원들로부터의 추천이다. 핵심은 인재 추천 보너스를 제공하는 것이다. 추천 인재를 고용했을 때 보너스의 10퍼센트를, 6개월째가 되면 40퍼센트를, 그리고 1년이 지나면 나머지 50퍼센트를 지급하도록 하자.

## 선발 과정

인터뷰는 채용 과정에서 가장 불확실한 부분이다. 인터뷰 결과로 채용될 가능성이 큰 사람과 그들이 과연 회사에 딱 맞는 사람인지 아닌지 사이에는 사실상 일종의 역 상관관계가 존재하기 때문이다. 인터뷰에 능숙하지 못한 사람이 얼마나 많은지를 참작한다면 오히려 최종 후보자 명단에 다트를 던져 합격자를 선택하는 편이 더 나을 것이다! 유일하게 효과적인 인터뷰 형식은 구조적 인터뷰다. 브래드 스마트Brad Smart와 그의 아들 제프 스마트Geoff Smart는 이 분야의 유일무이한 전문가다. 그들이 출간한 《탑그레이딩》(김앤북스, 2003)과 《누구를 어떻게 뽑을 것인가》(부키, 2012)를 적극 추천한다.

시험은 상당 부분 더 정확하고 객관적이어서 인터뷰 과정을 보완할 수 있다. 좋은 회사들은 특히 임원이나 매니저를 채용할 때 지원자들에게 몇 시간 동안 공식적인 시험을 보게 한다. 이 같은 시험 가운데 가장 중요하지 않음에도 불구하고 모든 이들이 치르는 게 표준 인성 검사다.

이 부분에서 공연히 헤매지 말고 전문가의 도움을 받아라. 우리 회사는 매니저와 임원급을 채용하는 모든 고객에게 바텔 앤 바텔Bartell & Bartell을 추천한다. 채용 후보자당 대략 600달러(약 80만 9,400원)가 들어가기 때문에 테스트는 상위 3명의 후보 정도로 제한하는 것이 좋다. 그리고 당신도 지원자들과의 조화 가능성을 점검하기 위해 테스트를 받아볼 필요가 있다. 매니저와 임원 이외의 채용 과정에는 빅비 하비스 앤 어소시에이츠Bigby Havis & Associates의 온라인 테스팅 제품을 추천한다. 이 테스트 역시 여러분도 받아볼 필요가 있다.

나는 오후에 채용 후보자들을 인터뷰하고 저녁때 온라인으로 테스트를 진행했다. 결과가 온라인으로 즉시 나오기 때문에 다음 날 아침에는 의사 결정을 내릴 수 있었다.

채용 과정에서 간파하려고 노력해야 할 가장 중요한 사항은 지원자들이 당신 회사의 문화와 잘 어울리는지다. 이 부분을 더 알려면 이 책의 4장 '핵심 가치 활용법 마스터하기'를 보면 된다. 당신이 회사의 핵심 가치를 제대로 파악하고 있고 그 가치들이 조직에서 살아 숨 쉬고 있다면 채용될 법한 지원자가 떨어지는 가장 큰 이유는 회사의 핵심 가치가 지원자와 맞지 않기 때문이다. 또한 지원자들이 가진 전망이 긍정적인지 부정적인지도 당락을 가른다. 이는 주로 테스트를 통해 판별할 수 있다. 기업가들에게 긍정적인 전망은 필수조건이다. 나는 채용 과정에서 감정의 성숙도 테스트도 중요하다고 권하는 편이다.

마지막으로 평가 센터 접근법의 한 변형을 사용해볼 것을 추천한다. 종이 한 장에 채용 후보자가 회사에 들어올 경우 겪을 것으로 예상되는 업무상의 어려움 서너 개를 골라 개요를 적어라. 그리고 후보자들에게 30분에서 한 시간을 주고 그 같은 도전을 어떻게 처리할 것인지 답하게 하라. 그리고 또 30분은 그들이 고안한 해법을 놓고 그들이 어떻게 생각하는지, 당신은 그들과 어떻게 함께 일할지를 알아보는 데 사용하라. 나는 이 방법을 사용해서 결국 채용하지는 않았던 후보자 덕분에 나에게 닥친 사업상의 도전을 깊이 통찰하는 기회를 얻었다. 그래서 그들 가운데 한 사람과 특별 프로젝트를 함께하기 위해 만나기까지 했다. 물론 그는 내가 정규직을 제공하지 않는다는 사실을 알고 있었다.

항상 가능하지는 않겠지만 가장 좋은 채용 방법은 몇 주 동안 직접 일을 시켜보는 것이다. 일선 조직 구성원을 고용할 때는 '추후 변경 조건으로 임시 고용'하는 회사가 인기가 높다. 일종의 시험 운전을 할 기회를 주기 때문이다. 경영진을 채용할 때는 그들이 저녁 시간에도 자문에 응하면서 함께 일할 수 있는지를 챙겨야 한다. 벤처캐피털에서 일하는 내 친구 중에는 최고경영자를 외부에서 뽑으려고 고심하다가 오랫동안 어려움을 함께 헤쳐온 회사 동료들이 가장 적임자라는 사실을 깨달았다. 구글의 창업자 래리 페이지Larry Page와 세르게이 브린Sergey Brin은 에릭 슈미트Eric Schmidt를 최고경영자 자리에 앉히기 전 거의 1년 동안 그를 이사회에 임명했다. 이런 이유로 회사 내부에서 승진시키거나 과거에 함께 일해본 인사를 고용하는 방법은 매우 효과적이다.

전반적으로, 자리에 맞는 적당한 사람을 뽑는 것이야말로 최고경영자와 임원진의 첫 번째이자 가장 중요한 일이다. 물론 자리에 어울리지 않는 사람을 가능한 한 빨리 내보내는 일도 중요하다. 이런 일은 기업 경영에 있어서 가장 큰 어려움이므로 강한 경영진과 일류 코치가 필요하다. 당신이 명백한 사실마저 보지 못하고 있거나 문제 있는 사람을 스스로 알아채지 못할 때 일깨워줄 수 있기 때문이다.

## 올바른 일을 올바르게 하기 모형

그림 2-1의 올바른 일을 올바르게 하기RTR(Right Things Right Model) 모형은 기업의 기본적인 의사 결정, 관계, 기능을 보여준다. 모형의 왼쪽에 있는 세 개의 타원은 '올바른 일Right Things'을 보여준다. 오른쪽에 있는 세 개의 타원은 올바른 일을 '올바르게 하는 법 Things Right'을 보여준다. 모든 경영 이론은 이 모형으로 도표화할 수 있다. 이 모형은 다양한 경영 이론을 통합하는 기본 틀을 제공하기 때문이다. 이 모형은 직원들에게 경영의 기본을 설명하는 데도 유용하다. 또한 분기별 우선순위를 정하는 데도 쓸모가 있다.

그림 상단 왼쪽 '올바른 일' 부분의 핵심 질문은 '생존 가능한 경제 모형을 가지고 있는가'다. 좀 더 확실하게 말하자면 '당신이 지금 하는 일로 진짜 돈을 벌 수 있는가?' '당신은 사업을 성공시키기에 충분한 고객 가치를 지닌 제품이나 서비스를 보유하고 있는가?' '당신이 제어할 수 있으며, 경쟁업체와 차별화되고, 고객에게 중요하며, 시장에서 우위를 제공하는 X 요소를 결정했는가?' '당신이 선택한 사업영역 안에서 최고가 될 수 있는가?' 등에 관한 부분이라고 할 수 있다.

그림 상단 오른쪽 '올바르게 하는 법' 부분의 핵심은 '당신이 추구하는 시장 기회를 활용하기 위한 경영기법과 프로세스를 갖고 있는가'다. 즉, '경쟁 우위를 유지하기 위한 습관과 규율이 있는가?' '당신의 조직은 직원들의 생산성을 최대로 끌어올리기에 적당한 구조를 갖췄는가?' '일관된 서비스와 제품을 제공할 수 있는가?' 등이 주요 관심사다.

모형에서 좀 거리를 두고 생각해보자. 수익이나 시장 점유율 또는

[그림 2-1] 올바른 일을 올바르게 하기(RTR) 모형

양쪽 모두 두 배로 오르면 당신은 '올바른 일'을 하고 있는 것이다. 경영진 대부분은 자기 사업이 독보적이라고 느끼겠지만 당신은 언제든지 다양한 출처를 통해 회사가 속한 산업의 성장세를 어림잡을 수 있다. 그리고 만약 산업 전반이 하락하고 있을 때, 그래서 다른 기업들이 시장에서 빠져나갈 때 당신이 생존기업을 결정할 만큼 가장 근접한 경쟁자보다 적어도 두 배 이상 빠르게 성장하고 있는가? 만약 매출총이익과 수익성이 업계 최고라면 당신은 경영을 잘하고 있는 것이다.

'올바른 일' 부분에는 전략과 방향에 관한 중요한 결정을 내릴 수 있는 대담한 리더십이 필요하다. 페이스북(2021년 10월 메타Meta로 사명을 변경-옮긴이)이 상장 과정에서 데스크톱에서 모바일로 전환하기로 결정한 것처럼 기업이 시장에서 급격한 방향 전환이 필요할 때 이같은 리더십이 필요하다. '올바르게 하는 법' 부분에는 건강한 규율과 습관을 유지할 수 있는 경영 능력이 필요하다. 흥미롭게도 좋은 경영의 많은 부분이 과학기술에 의해 확대되고 있으며 결국 과학기술에 의해 대체될 것이다. 그 결과 조직 내 인력은 관리 업무 대신 리더십에 더 집중할 수 있다. 우리 회사는 이처럼 잡다한 업무를 관리할 수 있도록 경영진을 위한 관리 자동화 시스템을 몇 가지 개발했다.

기업 경영을 단순히 '사람'이 하는 '활동'이라고 여긴다면 이 모형은 사람을 관리하는 것이 아니라 사람을 리드하고 그들의 활동을 관리한다는 익숙한 개념을 설명하는 것이다. 엄격함과 사랑이 공존하는 자녀 양육 방식을 생각해보자. 부모는 자녀를 사랑하지만 아이들이 부적절한 행동을 하면 엄격하게 대한다. 예를 들면 "얘야, 난 너를 사랑한단다. 하지만 네가 한 행동은 나쁜 거야."라고 반응하는 것이다. 상대방과 그 사람의 행동을 구분하는 일은 중요하다. 회사는 리더십 기술을 이용해 직원들에게 계속 영감을 불어넣으면서도 그들이 결과에 책임지도록 하는 일을 게을리해서는 안 된다. 사실 당신은 누군가를 떠나보낼 수 있을 만큼 사랑해야 할 수도 있다. (나는 '당신의 미래를 해방하라'라는 문구를 더 선호한다).

이 지점에서 올바른 일을 올바르게 하기 모형은 더 명확해진다. '올바른 일' 부분은 어떤 업무에 관련된 인력 혹은 관계를 나타낸다. 반면 '올바르게 하는 법' 부분은 일관된 제품과 서비스를 시장에 제공하기 위해 기업 내에서 발생하는 활동 또는 거래를 말한다. 기업에서 상호작용하는 사람을 세 그룹으로 나누면 고객, 종업원(공급자와 하도급 업체 포함), 주주다. 이는 UPS 등의 회사가 채택한 균형 성과표 시스템Balanced Scorecard System과 유사하다(관심 있는 독자들은《균형 성과표The Balanced Scorecard》라는 제목의 책을 참고하길 바란다. 리더의 성공은 고객, 종업원, 주주 중 한둘이 아니라 세 가지를 모두 만족시키는 것이라는 게 이 책의 내용이다.) 모든 기업의 중심에 있는 세 가지 근본적인 활동은 무언가를 만들거나 사는 기능과 무언가를 파는 기능, 기록을 잘 관리하는 기능이다. 주요 고위 경영진의 기능에도 이 같은 활동이 반영되어 있다. 최고운영책임자COO는 만들거나 사는 기능, 판매 및 마케팅 담당 부사장VP은 파는 기능, 최고재무책임자CFO는 기록하는 기능을 담당하며 최고경영자CEO는 고위 경영진의 리더 역할을 한다. 직함은 다양할 수 있지만 조직을 효과적으로 돌아가게 하는 근본은 CEO와 함께 이 같은 기능을 하는 핵심 3인이라고 할 수 있다.

모형을 더 풀어보면 '올바른 일' 부분에서 경영자는 고객, 종업원, 주주를 획득하고 유지하고 키우는 세 가지 실적을 내려고 노력한다. 이를 위해서는 경쟁사와 차별화되는 방식으로 특정 고객 그룹을 위해 어떤 기본적인 요구 사항을 채울 수 있는지 파악하고, 그런 요구 사항을 충족하기 위해 어떤 역량이 필요한지 파악하여 주주들에게 가치를 창출해야 한다. 나는 '요구needs'라는 단어와 '필요wants'라는 단어를 구분해서 사용한다. 고객은 그들의 '필요'에 의해 당신을 파산시킬 수 있는데 날카로운 경쟁자가 등장해서 좀 더 중요한 (고객의) '요구'에 부응하게 되면 당신의 고객을 훔쳐갈 수 있다. 결국 이는 전체를 지배하는 다음과 같은 개념, 즉 세 부류의 이해 관계자 모두에게 좋은 평판을 구축해야 하는 근본적인 필요성으로 요약된다. 세 부류와 각각의 관계를 획득하고 유지하고 키우는 것이 어려워지는 게 아니라 쉬워질 때 당신은 좋은 평판을 얻을 수 있다.

'올바르게 하는 법' 부분에서 조직은 세 가지 추가적인 결과를 얻으려고 노력한다. 각각의 활동을 더 잘, 더 빠르게, 더 저렴하게 하는 것이다. 1차 목적은 판매 가격 대비 제품이나 서비스 비용을 지속적으로 낮추고 가치를 높여 경쟁자보다 좋은 가격을 유지해 수익성을 높이는 것이다. 모형의 오른쪽 부분은 '싸게 사고, 비싸게 팔며, 좋은 기록을 유지한다'라는 모범 경영의 기본을 나타낸다.

올바른 일을 올바르게 하기 모형을 순수하게 회계적인 관점에서 보면, 모형의 왼쪽은 기업에서 누가 무엇을 소유하는지를 나타내는 대차대조표를 그린 것이다. 대차대조표의 맨 밑줄은 주주를 위해 창출된 가치를 재는 수단인 순가치다. 모형의 오른쪽은 기업의 수익과 비용, 그리고 맨 밑줄에는 수익성을 형상화한 손익계산서P&L라고 할 수 있다.

올바른 일을 올바르게 하기 모형의 여섯 개 원은 그림 2-1의 하단에 표시된 기획 피라미드에서 알 수 있듯이 회사의 비전과 균형을 이루고 있다. 이 부분은 3장 '한 페이지 전략 기획서 마스터하기'에서 설명할 것이다. 기업의 비전은 핵심 가치에서 특정 책임까지, 정확하게 누가 고객이고 종업원이며 주주인지, 기업이 할 활동은 무엇인지 등 여섯 개의 원 안에 있는 각각의 구체적인 사안에 집중하는 것이다. 이 시점에서 중요한 부분은 수익 늘리기와 수익성 확보, 충분한 인력 보유와 이들을 위해 충분한 활동 마련하기, 기업에 대한 좋은 평판 지키기와 기업의 생산성 높이기 등 모형의 좌우 부분에서 항상 균형을 잡는 것이다. 경영은 우선순위의 균형을 맞추는 지속적인 과정이다. 그런 이유로 그림 2-1에 나타난 모형의 상단 부분은 뾰족하게 그려진 기업의 비전 위에서 균형을 잡고 있다.

## 올바른 일을 올바르게 하기 모형 실행에 옮기기

이 모형은 경영을 위한 전반적인 기본 틀을 제공하는 것과 더불어 록펠러의 습관과 관련된 세 가지 특정한 쓰임새가 있다.

### 록펠러 습관 1 – 우선순위

어느 특정 분기의 으뜸 우선순위를 찾을 때는 우선 여섯 개의 원을 후보로 삼아 그 시점에서 가장 관심을 기울여야 할 원을 양쪽에서 하나씩 고르는 작업에서 시작한다. 그런 다음 왼쪽의 '획득하고 유지하고 키우기'인지, 오른쪽의 '더 좋게, 더 빠르게, 더 싸게'인지 확정한다. 예를 들어 이번 분기 우선순위는 상위 네 개 고객사와의 사업을 25퍼센트 확대하기(키우기)일 수 있으며(모형 왼쪽의 '고객'에 동그라미를 친다), 고객사에 정확하게 청구서를 보내는 데 걸리는 시간을 50퍼센트 줄이는 것(더 빠르게)일 수도 있다(모형 오른쪽의 '기록 관리'에 동그라미를 친다).

여러분의 회사는 여섯 개의 원에 모두 해당 이슈가 있을 수도 있지만 한 번에 한 분야만 진전시킬 수 있다. 모든 분야는 서로 연관돼 있으므로 한 분야에 계기를 만들어주면 모든 분야에 작용한다. 모든 영역을 동시에 시도하고 노력하려는 경향으로 인해 이 원칙은 지키기 매우 어렵다.

그러나 리더는 모든 사람의 에너지를 언제 한 분야에 쏟아야 할지를 알기에 매우 신속하게 결정을 내릴 수 있다. 시각적인 두 가지 비유를 들어보자. 우선 여섯 개의 원을 막대기 위에서 돌아가고 있는 접시들이라고 생각해보자. 각각 양쪽의 세 접시 가운데 하나는 항상 다른 두 접시보다 천천히 돌기 때문에 관심을 기울여야 한다.

여섯 개의 원을 공중에서 저글링(공이나 접시 등 여러 개의 물체를 공중에 연달아 던지고 받는 기술-옮긴이)하는 공이라고 생각해도 좋다. 저글링하는 사람은 한 번에 하나씩 제대로 던져야 공을 공중에 점점 더 높게 던질 수 있다. 경영도 마찬가지다. 직원을 채용하고, 고객을 끌어들이고, 성장을 뒷받침할 현금이 있는지 확인하고, 더 많은 직원을 채용하고…. 프로세스는 끝이 없다.

또한 모형의 각 원을 누가 책임지고 있는지 명확하게 하는 일도 매우 중요하다. 고객을 확보할 책임은 누구에게 있는가? 주주를 계속 행복하게 하는 일은 누구의 책임인가? 판매 조직('팔기' 분야)이 제대로 굴러가는지 누가 확인해야 하는가? 여섯 개의 원과 구동체(획득, 유지, 키우기와 더 좋게, 더 빨리, 더 저렴하게)를 점검하고 책임 소재를 명확히 하는 일은 내가 실제로 경영진들과 일해본 결과 매우 강력하게 조직을 정렬시키는 활동이다.

### 록펠러 습관 2 – 데이터

매일 그리고 매주 비즈니스의 진행 상황을 모니터링하고 향후 몇 달 동안의 결과를 정확하게 예측하려면 경영의 여섯 가지 분야의 데이터가 모두 필요하다. 중견 기업의 경우, 모형 왼쪽의 약점은 회계 부서에서 요구하는 것과 동일한 종류의 정확하고 시의적절한 피드백을 고객으로부터 받는 것이다. 모형 오른쪽 부분의 경우 중견 기업은 정확한 판매 지표 데이터를 확보하는 데 약한 경향이 있는데, 이는 주로 상위 라인을 제외한 조직의 판매 측면이 측정에 저항하는 경향이 있기 때문이다.

### 록펠러 습관 3 – 리듬

누구와 다양한 주간 회의를 할 필요가 있는지에 대해 여섯 개의 원은 지침이 될 수 있다. 모형 오른쪽 부분에 있어서 운영, 판매, 회계 부문은 각각 일일 및 주간 회의를 하는 게 중요하다. 경영진은 고객과 종업원과의 만남에 있어 정기적인 회의 리듬을 살리는 게 중요하다. 만약 상장기업이라면 주주 집단을 중심으로 한 완전히 새로운 회의 리듬을 갖게 된다.

록펠러 습관과 관련된 것 이외에도 이 모형은 기업의 성장 관리에 필요한 조직 구조 변화에 지침이 된다. 매출 1천만 달러 정도의 회사가 되면 모형 오른쪽의 세 원으로 대표되는 세 가지 기본적인 기능이 분화하기 시작한다. '팔기'는 판매와 마케팅 기능으로 분리되며, 이들 각 부문 지도자의 성격도 달라져야 한다(참고로, 마케팅이나 사업 개발 부문의 중요한 잣대는 동시대 사람들을 이끄는 능력이다). '생산 또는 구매'는 운영 기능과 연구 개발R&D 기능(혹은 이와 비슷한 기능-모든 회사는 어떠한 형태로든 연구 개발 기능이 필요하다)으로 분화된다. 그리고 '기록 관리'는 회계와 재무 부문으로 나뉜다. 모형 왼쪽에서, 성장하는 기업들은 종업원 부분에서 기존의 단순한 인사 관리가 아니라 좀 더 기능을 특화하는 경향이 있다. (HR은 구식용어) 즉, 고객 만족 차원에서 기존 제품별로 집중된 팀을 보완해 고객 요구를 반영하는 팀을 만들기 시작하거나 주주 만족 차원에서 상장사들이 주주를 전담하는 팀을 만드는 것이다.

요약하면 이 모형은 기업을 성공적으로 운영하기 위해 리더가 내려야 할 근본적인 의사 결정을 포괄하고 있다. 이 책의 나머지 부분은 이 모형의 각 분야에 적용되는 구체적인 도구에 관한 것이다.

Mastering
The Rockefeller
Habits

# Part 3

한 페이지 전략 기획서
마스터하기

# 단순함을 유지하면 혼란이 없다!

• • •

| 경영자를 위한 요약 |

회사가 커질수록, 성장세가 더 빨라질수록, 모든 이의 마음을 하나로 모으기는 점점 더 어려워진다. 문제는 모두의 단합을 이끌어낼 한 페이지로 된 문서가 없다는 점이다. 대신 실제적이든 가상적이든 회사의 비전과 사명, 전략을 구구절절 주장하는 10페이지가 넘는 메모나 이메일은 넘쳐난다. 더구나 이런 메시지의 많은 부분은 회사가 어떤 회사고, 무엇을 어떻게 하는지에 대해 불명확하고 심지어 모순적인 설명으로 가득해 오히려 혼란스럽기까지 하다. 이번 장에서는 당신의 비전과 전략을 한 페이지짜리 활동 지향적인 문서로 만들어줄, 단순하지만 위력적인 도구인 비전 요약 SWT, Vision Summary(Strengths, Weaknesses, Trends, 강점, 약점, 동향), 한 페이지 전략 기획서를 소개할 것이다. [www.ScalingUp.com]에서 다양한 언어와 포맷으로 된 한 페이지 성장 도구를 무료로 다운로드할 수 있다.

당신이 회사를 막 창업했을 때로 돌아가 보자. 서너 명의 핵심 인력과 일을 마무리하기 위해 고군분투하면서도 비전에 대한 혼란은 들어보지 못했을 것이다. 모든 이들이 당신처럼 먹고 자는 시간에도 회사의 목적을 항상 염두에 두고 있었을 것이다. 직원들은 어떤 업무가 중요한지 당신만큼 잘 알고 있었다. 모두가 중요한 존재였기 때문이다! 사람들이 의사소통 문제에 대해 불평하는 경우는 거의 없었다.

그러나 회사가 단계적으로 성장하고 인력 채용이 늘어남에 따라 조직에 대한 당신의 영향력은 필연적으로 통제 가능한 수준을 넘어선다. 낮은 수준의 전략적 의사 결정을 다른 사람에게 위임하기 시작한다. 그리고 당연히 동료의 요구가 당신을 난처하게 만들기도 한다. 동료 간에 오해가 생기지만 각자 '해야 할 만한 일을 했다'라고 믿는다. 고객이 회사의 실수에 대해 불평할 수도 있고 무시하는 일이 생길 수도 있다. 진실은 좀 언짢지만 단순하다. 회사의 핵심 경영자로서 당신에게 언제나 명확한 것 같았던 비전과 전략이 언제부터인가 혼돈에 빠져버린 것이다. 예전에는 몇몇 가까운 동료들과 생각을 교환할 수 있었고 이를 금방 이해시키고 현실에 적용할 수 있었다. 하지만 지금은 옆 사람들과 생각을 공유하려면 며칠 혹은 수 주일이 걸린다. 회사 조직의 하부에까지 생각을 공유하려면 몇 주, 몇 달이 더 필요할 수도 있다. 가까스로 일을 마쳤다고 해도 사람들은 의사소통을 더 많이, 더 잘해야 한다고 시끄럽게 요구하고 나설 것이다.

만약 '그래. 회사가 커지면 으레 그럴 수 있는 일이야'라고 생각한다면 조직이 성장함에 따라 커지는 복잡도를 관리하는 수단이 있다는 사실을 알아야 한다. 회사 내부의 형편없는 의사소통을 단지 성공의 불행한 부산물 정도로 합리화할 때도 있을 것이다. 존경받는 이름에 의지하거나 목소리를 낼 만큼 성장한 시장 점유율에 기대어 그럭저럭 헤쳐나갈 수도 있다. 그러나 그렇게 할 수 있는 시절은 이미 한참 지났다. 글로벌 경쟁과 전자상거래의 등장, 그리고 계속 빨라지는 기술 혁신 덕분에 명확한 의사소통이라는 효과적인 전략은 생존에 절대적으로 필수적이다. 경쟁력을 얻기 위해 조직은 다음 세 가지를 갖춰야 한다.

1 기업 전략을 정의하고 지원하는 기본 틀
2 전략을 표현하기 위한 공통된 언어
3 전략 프로세스를 지속적으로 평가할 수 있도록 기본 틀과 언어
   를 사용하는 잘 다듬어진 습관

가장 중요한 부분은 단순해야 한다는 점이다. 금방 잊히는 산문으로 된 문서 꾸러미나 팸플릿은 만드는 일은 둘째치고 누가 읽기나 하겠는가? 전략에 대한 표현을 힘 있고, 사용할 수 있으며, 붙일 수 있고, 잊히지 않도록 하나로 간결하게 축약해야 한다.

성장기의 기업에 가장 적합한 전략적인 기본 틀이 그림 3-1의 기획 피라미드Planning Pyramid다. 나는 40년 이상 다양한 고속 성장 기업 컨설팅을 담당하면서 효과적인 비전을 수립하는 데 무엇이 필요한지 깨달았다. 그리고 이런 최고의 사례들을 모아 간결한 도구로 구체화할 수 있었다. 피라미드는 가치, 목적, 중장기 목표, 연간 목표, 분기 목표, 주간 스케줄, 책임 등 다양한 비전 부분이 어떻게 정렬되어 사용하기 쉽고 혼란을 없애는 데 도움이 되는 공통 전략 언어를 설정하는지 조직의 모든 사람에게 그래픽으로 전달한다. 그림 3-2의 한 페이지 전략 기획OPSP(One-Page Strategic Plan)은 이 모든 내용을

한 페이지에 모으기 위한 도구다. 완성된 샘플인 그림 3-3은 이 장의 끝부분에 실었다.

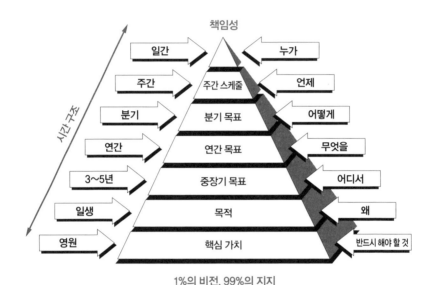

[그림 3-1] 기획 피라미드 : 전략적 기본 틀

웹사이트 [ScalingUp.com]에서 편집 가능한 PDF 문서를 다운받거나 프린트해서 이용할 수 있다. 프린트해서 첫 번째 페이지를 두 번째 페이지 왼쪽에 놓자. 약 가로 28센티 세로 43센티크기의 한 페이지짜리 문서로 만들 수 있다.

지금 당장 내키지 않는다면 이번 장을 끝까지 읽고 먼저 내가 제안하는 용어와 프로세스에 익숙해지면 된다. 비전은 계획이 있는 꿈이다. 기획 피라미드에서 그림으로 나타낸 일곱 개의 모든 단계를 거치지 않으면 당신의 비전은 완성된 것이 아니다.

한 페이지 전략 기획은 본질적으로 기획 피라미드를 옆으로 놓은 문서로 전략적인 비전을 만들고 필요한 모든 내용을 고려했는지 확인하기 위한 논리적인 기본 틀을 제공하며 이들을 수직적, 수평적으로 정렬하도록 해준다. 또한 이 도구의 물리적 구조는 우선순위를 매기도록 강제하는데, 바로 이 부분이 핵심이다.

어떤 조직이나 개인도 주어진 시간에 대여섯 개 이상의 우선순위에 집중할 수 없고 성취할 수도 없다. 한 페이지 전략 기획을 따라가면 내가 앞서 설명한 '상위 다섯 개 우선순위와 으뜸 우선순위'를 선택할 수 있다.

그러나 먼저 한 페이지 전략 기획의 단순화 버전인 비전 요약을 소개하려고 한다.

많은 기업은 비전 요약으로 시작하고, 전략 기획이 더 정교해짐에 따라 더 포괄적인 한 페이지 전략 기획으로 옮겨간다.

## 비전 요약

비전 요약은 록펠러 습관을 구현하기 시작한 기업과 50명 이하의 직원을 보유한 기업에 간소화된 한 페이지 전략 기획 기본 틀을 제공한다. 한 페이지 전략 기획의 보다 세부적인 측면을 활용하는 대기업의 경우 비전 요약은 회사 비전의 주요 측면을 직원, 고객, 투자자 및 더 넓은 지역사회에 전달하기 위한 한 페이지로 된 양식을 제공한다.

웹사이트 [scalingup.com]에서 오른쪽 위에 'Scaling Up' 로고가 없는 비전 요약 양식을 다운로드할 수 있다. 다운로드한 양식에 당신의 회사에 대한 다음 사항을 나열하자.

- 핵심 가치
- 목적
- 브랜드 약속
- 원대하고 위험하며 대담한 목표

비전 요약은 모든 직원이 숙지하고 이해해야 할 회사 비전의 주요 구성 요소를 나타내므로 신입 직원을 위한 교육 도구로 유용하게 활용될 수 있다.

이 구성 요소 아래에는 전략적 우선순위를 나열하는 자리가 있다. 첫 번째 열에 한 페이지 전략 기획의 3~5년 핵심 추진/역량을 나열한다. 이들은 몇 가지의 주요 중기 우선순위로 나중에 더 자세히 설명할 것이다.

가운데 열에 올해의 으뜸 우선순위와 이를 달성하는 데 필요한 주

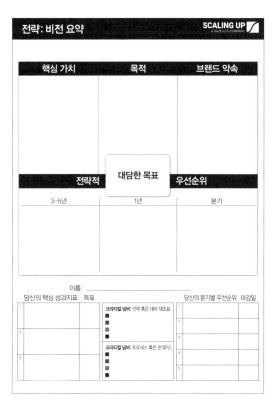

**그림 3-2**

요 계획을 나열하라. 마지막 열에 분기별 으뜸 우선순위와 이 목표에 도달하는데 필요한 '핵심 사항'을 나열하라. 이러한 우선순위를 설정하는 방법에 대해서는 '분기별 주제 마스터하기' 장에서 더 자세히 설명할 것이다.

이러한 전략적 구성 요소와 우선순위는 회사의 비전을 한 눈에 확인할 수 있는 간단한 스냅숏을 제공한다. 그 아래에는 모든 직원 또는 팀이 계획을 개인화할 수 있는 공간이 있다. 직원들은 그곳에 몇 가지 주요 성과 지표KPIs, 우선순위를 비롯해 회사의 비전을 지지하고 보조를 같이하는 분기의 단기 지표를 나열할 수 있다. 이것들은 한 페이지 전략 기획의 마지막 열을 완료하면서 결정된 내용을 따르며 이 장의 후반부에서도 자세히 설명할 것이다.

비전 요약을 개인 집무실, 사무 공간, 휴게실 등에 붙여두고 팀원들이 회사의 전략적 계획을 떠올리고 계획 현실화를 위해 스스로 어떤 역할을 해야 하는지 되새길 수 있도록 하자.

## 한 페이지 전략 기획

많은 사람이 꿈을 가지고 있다. 그러나 비전은 계획이 동반된 꿈이다. 우리는 이를 한 페이지 전략 기획OPSP이라고 부른다.

비전을 구체화하기 위해 당신은 일곱 가지 기본 질문 – 누가, 무엇을, 언제, 어디서, 어떻게, 왜, 그리고 '하지만 우리가 해야만 하는가? 하지 말아야 하는가'라는 까다로운 질문 – 에 답해야 한다. 이 질문들은 한 페이지 전략 기획의 일곱 개 열에 해당한다. 만약 전략 기획에 등장하는 용어가 혼동된다면 항상 이 일곱 가지 간단한 질문으로 돌아오라.

용어는 따라잡기 어려울 수 있다. 우리는 기업 컨설팅 업계 종사자들이 비전, 목적, 가치, 우선순위 등에 관한 일반적인 정의에 합의하고 공통 언어를 활용할 수 있도록 노력하고 있다. 또한 한 페이지 전략 기획을 통해 짐 콜린스, 게리 하멜Gary Hamel, 잭 스택Jack Stack, 스티븐 코비Stephen Covey와 같은 이론가들의 다양한 시각을 통합하고 있다.

한 페이지 전략 기획은 수평, 수직 방향으로 정렬하도록 설계되어 전략적 비전을 조직하는 논리적 기본 틀을 제공하고 전체를 완성하기 위해 모든 요소가 필요하다. 한 페이지 전략 기획의 물리적 구조는 우선순위 지정과 단순성을 강제한다. 또한 쓸 공간이 많지 않으므로 간결해야 한다.

한 페이지 전략 기획을 작성할 때 거대한 크로스 워드 퍼즐이나 스도쿠 퍼즐이라고 생각하라. 여러분이 채울 수 있는 부분을 찾은 다음 그 내용이 나머지를 결정하는 데 도움이 되도록 하라(예를 들어 목적과 브랜드 약속은 원대하고 위험하며 대담한 목표에서 다시 언급될 수 있다). 우리는 '일단 적어라. 그런 다음 바로 잡아라'라고 말한다. 지금의 좋은 계획은 너무 늦은 훌륭한 계획보다 낫다.

한 페이지 전략 기획에는 또 다른 중요한 설계 요소가 하나 있다. 짐 콜린스는 오래가는 회사들이 그가 '핵심을 보존하라. 진보를 자극하라'라는 라벨을 붙인 이중 역학을 따른다는 사실을 발견했는데, 한 페이지 전략 기획에는 이 이중성이 내장되어 있다. 핵심을 설명한 첫 세 열은 시간이 지나더라도 안정적으로 유지된다. 오른쪽으로 이동하면 계획의 균형이 더 역동적으로 바뀌어 시장의 추세, 기회 및 도전에 부합하기 위해 진보를 자극한다.

참고: 한 페이지 전략 기획은 내부적 필요를 위한 문서다. 팀에서 전략 기획의 기술적인 측면을 정확하게 이해하고, (슬로건과 같은) 마케팅 메시지 작성을 돕기 위해 고안되었다. 그러나 일단 한 페이지 전략 기획을 완성하고 나서 회사의 비전을 직원, 고객 및 지역사회에 폭넓게 전달하기 위한 외부 메시지를 만들기 위해서는 외부 마케팅 또는 광고 대행사를 이용하는 편이 더 빠르고 비용이 덜 들 것이다.

## 한 페이지 전략 기획 경험: 홀가닉스, 마킷포스, 타운파크

펜실베이니아주에 있는 천연 잔디 관리 회사 홀가닉스Holganix의 공동 창업자인 배럿 어서크Barrett Ersek는 17세가 되던 해부터 20년에 걸쳐 다섯 개 회사를 창업했다. 그는 한 페이지 전략 기획과 이 방법에 따른 전략적 습관들을 사업을 성장시키기 위해 무엇을 해야 하는지에 대한 청사진이라고 설명한다. 그는 "20대였을 때 나는 수표책을 뒷주머니에 넣고 사업을 운영하고 있었다. 그때 살면서 처음으로 누군가가 내게 사용설명서를 주었다."라고 말한다.

호주에 본사를 둔 판매 및 창고 정리 회사인 마킷포스Markitforce의 앨런 히긴스Alan Higgins에게 한 페이지 전략 기획은 '자동 의사 결정

기계'다. 설립자이자 최고 참여 책임자 히긴스는 "우리는 만약 갈림 길에 서거나 내려야 할 결정이 있다면 우리가 전략을 따르고 있는지 파악하기 위해 도구를 다시 참조한다. 전략을 따르고 있지 않다면 기회를 버려야 할지 논의한다."라고 말한다.

메릴랜드Maryland에 본사를 둔 서비스 회사이며 1만 5천 명의 직원이 근무하는 타운파크Towne Park의 창업자 제리 사우스Jerry South는 한 페이지 전략 기획을 가장 가치 있는 도구 중 한 가지라고 표현한다. 그는 "한 페이지 전략 기획은 사업에 대해 전략적으로 생각하도록 하고, 해결하려고 애쓰는 중요한 결정 중 일부를 나누어 작은 단위로 분해할 수 있게 해준다. 그뿐만 아니라 사업에서 중요한 것이 무엇인지 분명하게 드러낸다."라고 설명한다.


한 페이지 전략 기획의 일곱 개 열을 살펴보자.

**1열**(해야 할 것/하지 말아야 할 것) : 의사 결정의 경계를 정의하는 몇 가지 규칙을 나열하라. 핵심 가치로 대표되는 '해야 할 것' 또는 '하지 말아야 할 것'

**2열**(왜) : 회사가 세상(또는 이웃)에서 만들고자 하는 영향을 표현하고, 모두가 노력하는 배경이 되는 의미 혹은 '이유'를 제공한다. 두 가지 주요 결정이 필요하다.

- **목적**('사명'으로도 부름) : 사업의 방향을 제시

## 전략: 한 페이지 전략 기획(OPSP)

회사:     이름:

### 작성자 이름(평판 추진 요인)

| 직원 | 고객 | 주주 |
|---|---|---|
| 1. _____ | 1. _____ | 1. _____ |
| 2. _____ | 2. _____ | 2. _____ |
| 3. _____ | 3. _____ | 3. _____ |

| 핵심 가치/신념<br>(해야 할 것/하지 말아야 할 것) | 목적(왜) | 중장기 목표(3~5년)<br>(어디서) | 연간 목표(1년)<br>(무엇) |
|---|---|---|---|

**1** | 행동 방안 | 주요 추진/역량<br>3~5년 우선순위 | 핵심 이니셔티브<br>1년 우선순위

| 행동 방안 | 주요 추진/역량 | 핵심 이니셔티브 |
|---|---|---|
| **2** 1 2 3 4 5 | **3** 1 2 3 4 5 | **4** 1 2 3 4 5 |

| X당 이익 | 브랜드 약속<br>핵심 성과 지표 | 단기 지표:<br>■ 인력 또는 대차대조표<br>■<br>■<br>■ |
|---|---|---|
| 원대하고 위험하며<br>대담한 목표 | 브랜드 약속 | 단기 지표:<br>■ 프로세스 또는 손익P/L<br>■<br>■<br>■ |

| 강점/핵심 역량 | 약점 |
|---|---|
| 1. _____ | 1. _____ |
| 2. _____ | 2. _____ |
| 3. _____ | 3. _____ |

| 이름: | 날짜: | |
|---|---|---|

## 과정(생산성 추진 요인)

| 생산/구매 | 판매 | 기록 관리 |
|---|---|---|
| 1. _____ | 1. _____ | 1. _____ |
| 2. _____ | 2. _____ | 2. _____ |
| 3. _____ | 3. _____ | 3. _____ |

| 분기 목표(분기)<br>(어떻게) | 주제<br>(분기/연간) | 책임자<br>(누구/언제까지) |
|---|---|---|

**분기 목표(분기) (어떻게)**

| 분기 | |
|---|---|
| 매출 | |
| 수익 | |
| 시가 총액 | |
| 매출총이익 | |
| 현금 | |
| 매출채권 일수 | |
| 재고 보유 기간 | |
| 직원당 수익 | |

**주제 (분기/연간)**

마감 시한
측정 가능한 목표/단기 지표

**주제 이름**

**책임자 (누구/언제까지)**

| | KPIs | 목표 |
|---|---|---|
| 1 | | |
| 2 | | |
| 3 | | |

**핵심사항**

| | 분기 우선순위 | 누구 |
|---|---|---|
| 1 | | |
| 2 | **5** | |
| 3 | | |
| 4 | | |
| 5 | | |

**스코어보드 설계**
여기에 생각한 바를 설명하고(또는) 스케치하시오

**6**

**분기별 우선순위**

| | | 마감일 |
|---|---|---|
| 1 | | |
| 2 | | |
| 3 | **7** | |
| 4 | | |
| 5 | | |

| 단기 지표:<br>인력 또는 대차대조표 | 축하 행사 | 단기 지표:<br>인력 또는 대차 대조표 |
|---|---|---|
| ■<br>■<br>■<br>■ | | ■<br>■<br>■<br>■ |
| 단기 지표:<br>프로세스 또는 손익 | 보상 | 단기 지표:<br>프로세스 또는 손익P/L |
| ■<br>■<br>■<br>■ | | ■<br>■<br>■<br>■ |

**동향**

| 1. _____ | 4. _____ |
|---|---|
| 2. _____ | 5. _____ |
| 3. _____ | 6. _____ |

- 원대하고 위험하며 대담한 목표BHAG : 기업이 향후 10년에서 25 년 이내에 달성할 수 있는 유형의 목적

**3열**(어디로) : 향후 3~5년 이내에 회사가 나아갈 '방향'을 정의한 다. 회사가 자유롭게 역량을 발휘할 수 있는 샌드박스(모래상자라는 뜻. 제한받지 않고 마음대로 할 수 있는 영역)과 해당 고객에게 제시할 수 있는 브랜드 약속에 대한 설명을 포함한다. 또한 회사가 추구해야 할 몇 가지 주요 역량 및 핵심 가치를 요약한다.

**4열**(무엇) : 향후 12개월 동안 달성해야 할 '결과'를 설명한다. 이는 실현 가능한 으뜸 우선순위(단기 지표)와 소수의 '핵심 사항'에 의해 결정된다.

**5열**(어떻게) : 회사가 비전을 '어떻게' 달성할 계획인지 자세히 묘사한다. 실현 가능한 '다음 단계' 90일 으뜸 우선순위와 소수의 '핵심 사항'에 초점을 맞춘다.

**6열**(결승선과 즐거움) : 해당 분기 또는 해당 연도의 으뜸 우선순위 와 관련된 주제, 축하 행사 및 보상에 관해 설명한다. 축하 행사는 모 든 사람에게 최종 결승선 도달과 즐거운 시간을 제공한다.

**7열**(누구) : 한 페이지 전략 기획의 다양한 측면을 '누가' 책임지고 있는지 기술하고 각 직원 또는 팀의 핵심 성과 지표, 핵심 사항 및 단 기 지표를 자세히 설명한다.

마지막으로 '언제'라는 질문은 각 열의 시간 단위에 맞춘다.

## 한 페이지 전략 기획 채우기

정렬과 명확성은 한 페이지 전략 기획 맨 위의 회사 이름에서부터 시작된다. 회사 이름은 고객과 직원(전화를 받는 접수 담당자 포함)이 기억하고 말할 수 있는 이름과 일치해야 한다. 페드럴 익스프레스Federal Express는 사람들이 자사를 '페덱스FedEx'로 부른다는 사실을 깨닫고 페덱스로 이름을 바꿨다. 쓰리엠3M은 원래 미네소타 광업 및 제조Minnesota Mining and Manufacturing라는 이름의 회사였다. 산업용 초대형 저속 팬을 생산한 HVLS 팬 컴퍼니HVLS Fan Company는 수년간 고객들이 HVLS라는 이름 대신 빅애스팬즈Big Ass Fans라는 별명을 사용한다는 사실을 파악하고 회사명을 빅애스팬즈로 변경했다. 최근 빅애스솔루션스로 이름을 바꾼 빅애스팬즈는 틈새시장에서 가장 널리 인정받으며 빠르게 성장하는 회사 중 한 곳이다. 회사 이름 뒤에 그룹Group이나 아이엔씨Inc.(Incorporated, 주식회사)와 같은 일반적 용어를 붙인 엄청나게 길고 복잡한 이름을 가진 회사는 그룹이나 아이엔씨와 같은 부르기 불편한 용어를 없애고 간략한 회사명으로의 변경을 고려해보길 바란다.

상단 '회사, 이름' 행은 전략적 비전이 기업 내 부서에만 적용되는지를 나타내는 데 사용될 수 있다. 제이에스제이 코포레이션JSJ Corp.에서 여섯 개 계열사는 각각의 이름(예: '스파크스, JSJ 비즈니스')을 나열한다.

자신의 이름과 날짜를 추가하고 제목 영역을 마무리한다. 주의 사항은 다음과 같다.

1 발음과 철자가 어려운 이름을 가진 사람은 이름을 단순화하는 것이 좋은 선택이 될 수 있다. 말레이시아에 있는 내 고객사 중 몇 곳은 머리글자를 회사명으로 사용한다(hi, H.K. 혹은 C.K.등). 같은 이유로 내 친구 니콜라스 알렉소풀로스Nicholas Alexopoulos 는 닉 알렉소스로 이름을 간소화했다. 아니면 예능인처럼 더 기억에 남고 기업 친화적인 별명을 채택하는 것도 좋다(가수 고든 섬너Gordon Sumner는 전 세계적으로 스팅Sting이라는 예명으로 더 유명하다).

2 날짜에 월이나 일자 중 어느 쪽을 먼저 써야 할지 혼란을 없애기 위해 시스코Cisco에서 사용하는 글로벌 표준을 채택하는 편이 좋다. 두 자리 숫자로 날짜를 표시하고 세 자리 글자로 월을 표시하고 네 자리 숫자의 연도를 지정한다(예시: 2022년 2월 2일은 02 Feb 2022로 표시)

지나치게 까다롭게 굴고 싶지 않겠지만 이견 조율은 회사 이름, 사용자 이름, 날짜 형식을 맞추는 일에서부터 시작된다.

## 기회, 위협, 동향

한 페이지 전략 기획 하단에는 회사의 강점, 핵심 역량 그리고 약점을 요약하는 공간이 있다. 회사와 산업에 영향을 미칠 가능성이 있는 상위 여섯 가지 동향을 강조할 자리도 있다. 이들은 비전 구축의 기반이 된다. 이 장 후반부에서 우리는 이 내용을 기입하는데 도움이 되고 수십 년 동안 사용해온 오래된 SWOT(Strengths, Weaknesses, Opportunities, Threats, 강점, 약점, 기회, 위협)를 보완할 새로운 한 페이지짜리 SWT(Strengths, Weaknesses, Trends, 강점, 약점, 동향) 도구를 소개할 것이다.

## 한 페이지 전략 기획 1열: 핵심 가치/신념

문서 1열에 회사의 핵심 가치를 적는다. 세 개에서 여덟 개 정도의 구절로 회사의 중요한 의사 결정을 지배하는, 해야 할 것과 하지 말아야 할 것을 폭넓게 정의한다. '핵심 가치 활용법 마스터하기' 장에서는 핵심 가치를 더 자세히 다루고, 핵심 가치를 이용해 회사 내부의 인사 시스템을 추진하는 방법을 설명할 것이다.

참고: 이러한 개념을 굳이 핵심 가치라고 부르지 않아도 괜찮다. 신념, 규칙, HP Way(휴렛팩커드

사의 인본주의 경영철학-옮긴이) 등 원하는 대로 라벨을 붙이면 된다. 핵심은 이러한 개념이 무엇인지 파악하고 팀이 이를 활용하여 강력한 기업 문화를 유지하고 기업 규모에 따라 의사 결정을 추진할 수 있도록 하는 것이다.

### 한 페이지 전략 기획 2열:
### 목적, X당 이익, 원대하고 위험하며 대담한 목표

첫 번째 열이 회사(혹은 유기체)의 영혼을 나타낸다면 두 번째 열은 조직의 심장을 나타낸다. 2열은 '왜'라는 매우 기본적인 질문에 답한다. 즉, '회사는 왜 이 일을 하는가?' '상위 목적은 무엇인가?' '왜 지금 하는 일에 열정을 가져야 하는가?'다.

또한 왜 최고경영자는 규모가 더 크고 비용이 더 많이 들 수도 있는 다른 상황들은 거의 언급 없이 넘어가면서도 겉보기에는 사소한 특정 사항을 비난의 대상으로 삼는지에 대한 실마리를 제공해 준다. 예를 들어 우리 스케일링업의 목적은 '기여 contribution'라는 단어를 중심으로 전개된다. 우리는 스케일링업이 지역 및 세계 경제뿐만 아니라 직원 가족들의 삶에 이바지할 수 있어 뿌듯하다.

당신의 회사에서 최고경영자가 가슴에 품고 있는 것이 무엇인지 찾는다면 회사의 목적을 이해하는 데 도움이 될 것이다. 월마트의 목적을 보자. 월마트의 목적은 '보통 사람들에게 부자들과 똑같은 것을 구매할 기회를 제공하는 것'이다. 월마트 설립자 샘 월튼Sam Walton 은 빈부의 불평등으로 인해 괴로움을 느꼈고, 시골 지역 사람들이 합리적으로 책정된 가격의 소매 상품을 이용하도록 하겠다는 열망을 품고 있었다.

'핵심 가치 활용법 마스터하기' 장에서는 회사의 목적을 결정하는 방법과 경영진이 그 목적을 이용해 직원들의 열정을 자극하는 유세 연설을 만드는 방법을 자세히 설명할 것이다.

한 페이지 전략 기획 2열의 목적 아래에는 '행동 방안' 섹션이 있다. 기업은 핵심 가치, 목적 및 원대하고 위험하며 대담한 목표 항목을 만들고 나서도 그 내용을 잊어버리기 쉽다. '행동 방안' 섹션은 이러한 장기 비전 항목이 회사에서 생명력을 가지고, 이런 핵심 요소 강화를 위한 조치를 생성하려면 무엇이 필요한지에 대한 분기별 대화를 유도하기 위한 항목이다.

내 고객 중에는 '진지한 재미'의 중요성을 회사 문화의 일부로 강조하겠다는 핵심 가치를 가진 기업이 있었다. 그 회사의 임원진은 상장을 마치고 난 다음 분기 기획 회의에서 이제 공기업이 되었다는 이유로 재미있는 회사 문화를 잃고 싶지는 않다는 뜻을 담아 직원들에게 테이블 축구대를 선물하기로 했다.

이 항목은 '목적' 열의 '행동'에 나열할 특정 작업 항목으로 향후 90일 동안 핵심 가치, 목적 및 원대하고 위험하며 대담한 목표를 강화하기 위한 구체적인 방법이다.

X당 이익은 회사의 주요 경제 엔진(예를 들어, 비즈니스 모델의 추진 요소)을 나타내는 핵심 성과 지표KPI다. 예를 들어 좌석당 이익 또는 마일당 이익에 집중하는 타 항공사와 달리 사우스웨스트 항공은 항공기당 이익에 끊임없이 관심을 기울인다. 원대하고 위험하며 대담한 목표는 목적 및 X당 이익에 부합하는 정량화 가능한 10년에서 25년까지의 목표를 나타낸다.

중요한 점은 모든 내용이 2열에 부합할 뿐만 아니라, 모두가 기업 확장에 열정을 가지고 참여할 수 있도록 설득력 있는 이야기를 만드는 것이다. 사우스웨스트 항공의 창업자이자 CEO, 명예 회장이었던 허브 켈러허Herb Kelleher가 직원들에게 바치는 창사 25주년 기념 영상을 본다면 가슴이 뭉클해지는 것을 느끼게 될 것이다.

### 한 페이지 전략 기획 3열: 중장기 목표, 샌드 박스, 브랜드 약속

3열로 넘어가면 계획이 더욱 상세해진다. 따라서 향후 3~5년간 구체적인 재정목표와 우선순위를 나열한다.

첫 번째 결정은 3년, 4년, 5년 중 언제를 내다볼 것인지 선택하는 것이다. 핵심 질문은 '회사의 매출 및 규모를 언제까지 두 배로 늘릴 계획인가?'다. 만약 매년 15퍼센트씩 성장할 계획이라면 5년 안에 두 배로 커질 것이다. 매년 25퍼센트씩 성장을 계획하고 있다면 3년이 걸린다. 그리고 매년 100퍼센트씩 성장하는 회사는 다른 사람이 느끼기에 3~5년과 같은 시간을 1년처럼 빠르게 살고 있는 것이다. 이 경우 3열은 1년, 4열은 분기별, 5열은 1개월로 선택하라(당신의 한 달은 다른 사람들의 한 분기와 같다).

원대하고 위험하며 대담한 목표와 향후 90일 사이의 모든 것은 대략적인 추측이기 때문에 3년에서 5년 사이의 재정 목표는 야심 차고 매우 적극적일 수 있다. 구체적으로 3열의 상단을 살펴보자.

1 향후 날짜: 이 중기 계획 기간의 종료 날짜를 설정한다(예: 2023년 12월 31일).

2 수익: 현재의 두 배에 달하는 목표 수익 달성을 고려해보자. 다시 말해 이는 에베레스트 등반 중 만나는 캠프와 같다. 즉 사업 규모를 두 배로 늘릴 시점이다.

3 이익: 업계 평균 수익의 3배를 목표로 잡는 것을 고려해보라.

이 부분은 위대한 회사와 좋은 회사를 가른다. 도전하자!

**4** 시가 총액/현금: 만약 당신이 상장기업을 이끌고 있다면 그 회사의 가치(시가 총액)에 대한 목표를 설정하라. 만약 비상장 회사라면 은행에 얼마나 많은 현금을 보유하고 싶은지 혹은 업계에서 시장 점유율에 대한 목표를 설정하라.

다음으로 회사가 향후 3~5년간 계획 중인 샌드박스, 사업 영역을 정리한다. 핵심 고객(누구와 어디)과 판매 계획에 대한 간략한 설명이다.

그런 다음 열 맨 아래로 이동하여 이 샌드박스에 대해 만족시킬 주요 요구 사항, 즉 측정 가능한 브랜드 약속을 명확하게 설명한다. 브랜드 약속 지표칸에서 이러한 특정 지표를 확인한다. 랙스페이스 테크놀로지Rackspace Technology Inc.(다중 클라우드 기술 서비스 회사-옮긴이)는 전화벨이 세 번 울리기 전 고객 전화에 응답하는 방식으로 브랜드 약속을 측정했다. 페덱스의 오전 10시 배송 약속과 오라클Oracle의 엑사데이터Exadata 약속은 브랜드 약속 지표의 또 다른 예시다.

일단 재정적인 목표, 샌드박스, 브랜드 약속을 결정했다면 회사가 향후 3년에서 5년 동안 추구해야 할 3~5가지의 주요 추진/역량을 선택하라. 여기에는 중요한 인수 또는 새로운 제품이나 서비스 라인의 출시가 포함될 수 있고 1997년 스티브 잡스의 전격적인 결정처럼 핵심 사업에 재집중하겠다는 내용이 될 수도 있다. 스티브 잡스는 당시 애플의 CEO가 된 후 모든 사업 부문에서 철수하고 두 가지 데스크톱과 노트북 생산에 집중하기로 했다.

우리 스케일링업의 주요 추진/역량에는 미국 및 캐나다 이외 국가로의 확장, 우리 회사의 방법론을 뒷받침하는 서비스 소프트웨어 제공, 고급 회원 조직의 창설, 코칭 조직의 대규모 글로벌 확장, 온라인 학습 플랫폼 구축 등이 포함되었다.

이러한 예시들은 회사가 3열에 나열해야 할 중요한 중기 우선순위들을 나타내며 향후 몇 년간의 명확한 전략적 방향을 제공하기 위한 것이다. 회사의 노력을 지지할 수 있는 자문위원회를 구성하라. 똑똑한 인재들을 구할 수 있도록 최대한 노력해 각각의 주요 추진/역량에 대해 조언을 구하라. 당신이 나아가려는 길을 이미 경험한 사람들로부터의 배움은 항상 도움이 된다.

## 한 페이지 전략 기획 4열: 목표

4열로 이동하면서 핵심은 '회사의 으뜸 우선순위 및 주요 계획(목표 및 핵심 결과 지표)은 무엇인가?'이다. 이 문제의 해결은 열 상단의 매우 구체적이고 확장된 재무 결과를 설정하는 것으로 시작한다. 자유롭게 편집하고 범주를 추가해도 괜찮다(자료가 없다면 직원들을 이용하는 방법이 더 적절할 수 있다).

다음으로 열 맨 아래의 '주요 항목'인 단기 지표로 이동하자. 물론 계량적 수치가 모두 중요하다는 사실을 알고 있지만 단기 지표는 매년 한 개의 수치로 한정된다. '분기별 주제 마스터하기' 장에서는 한해와 향후 90일(4, 5열) 동안의 크리티컬 넘버 결정과 단기 지표 목표를 설정하는 방법을 설명한다. 단기 지표 목표를 팀이 올해 금, 은 또는 동메달을 획득할 기회를 제공하는 것으로 생각하자.

일반적으로 당신은 회사의 인사/대차대조표 측면에서 기회나 과제(예: 직원 이직률 감소, 고객 서비스 점수 개선, 은행에 대한 신용 한도 대폭 축소) 또는 프로세스/수익 및 손실 측면(예: 매출총이익 개선, 생산 주기 시간 단축, 매출 마감 비율 증가) 중 하나를 해결할 단기 지표를 선택할 것이다. 그리고 어느 쪽을 선택하느냐에 따라 추적 관찰을 위해 반대편의 균형 조정 번호를 선택해야 한다(예: 관계를 개선하고 싶지만 매장을 내주는 것은 싫거나, 프로세스를 개선하길 원하지만 관계를 훼손하지 말아야 함).

마지막으로 열 가운데로 이동하여 '올해 재무 성과를 달성하고 단기 지표에 도달하기 위해 완료해야 할 핵심 계획은 무엇인가?'를 묻는다. 이러한 계획을 기업의 새해 결심(적을수록 좋다)으로 생각하고 장기적인 목표를 주시하면서 회계 연도 장부를 마감할 때마다 또는 시장의 요구에 따라 수정한다.

이것들은 임의의 우선순위 집합이 아니다. 달성할 수 있는 단기 지표를 선택하라. 다시 한번 강조하지만 더 자세한 내용은 '우선순위' 장에서 확인하자.

### 한 페이지 전략 기획 5열: 분기 목표(Actions)

5열은 4열의 연장 선상에서 향후 90일 동안의 단기 지표와 핵심 사항Rocks이 주도하는 1년 목표를 달성하기 위해 이번 분기에 어떻게 기여할 것인지에 관한 구체적인 내용을 설명한다. 짧은 기간을 감안할 때 경영진은 재무 결과(열 상단)와 회사가 달성할 수 있는 단기 지표(열 하단)를 정확하게 설정할 수 있도록 명확성과 선견지명을 가져야 한다.

핵심: 분기별 단기 지표는 연간 단기 지표를 달성하기 위한 중요한 단계다. 예를 들어 버네의 처남은 해당 연도의 특정 현금 목표를 설정하는 회사에서 일했다. 그리고 그는 해당 분기의 공정 개선에서 단기 지표를 선택했다. 목표는 기계를 수리하는 부품에 드는 비용

을 줄여 부서의 상당한 비용을 절약하고 현금 목표에 기여하는 것이었다.

마지막으로 분기별 재무 결과와 단기 지표를 달성하기 위해 성취해야 할 우선순위인 핵심 사항을 몇 가지 선택한다. 다시 말하지만 적을수록 더 좋다. 마지막으로 각 핵심 사항을 책임지는 사람의 머리글자를 '누구' 칸에 기록한다.

이러한 핵심 사항을 회사의 나머지 영역에 초점과 방향을 제공하는 13주간의 동시 단거리 경주로 생각하자.

*핵심 사항: 이 용어는 《성공하는 사람들의 7가지 습관》의 저자 고 스티븐 R. 코비Stephen R. Covey가 고안한 용어다. 만약 여러분이 제한된 시간(공간)에 조약돌(이메일, 주의 산만함 등)을 먼저 잔뜩 넣는다면 중요한 핵심 사항을 위한 공간이 얼마 남지 않는다. 하지만 과정을 뒤집어 크고 중요한 문제를 먼저 챙긴다면 원하는 모든 것을 위한 공간을 확보할 수 있다. 코비의 핵심 사항 비유에 대한 훌륭한 영상을 보려면 팀원들과 함께 유튜브에서 'Big Rocks in First(큰 바위들을 먼저)'를 검색해 6분짜리 비디오를 보자.

### 한 페이지 전략 기획 6열:
### 주제, 스코어보드 디자인, 축하 행사/보상

'분기별 주제 마스터하기' 장에서는 주제 열에 관한 세부 정보를 다룬다. 간단한 개요를 설명하자면 분기별 열에 있는 단기 지표를 중심으로 재미있고 기억할 만한 주제를 만드는 것이다. 구체적으로 주제 6열의 상단에서 시작하자.

1 마감 시한: 일반적으로 이번 분기의 말일

2 측정 가능한 목표: 5열 하단의 분기별 단기 지표

3 주제 이름: 분기별 주제에 관한 재미있고 적절한 제목을 브레인스토밍한다. 최근 영화나 노래 제목이 좋다 ('분노의 질주'는 항상 인기 있는 제목이다). 일반적인 문구를 시도해도 좋다. 시티 빈 코퍼레이션The City Bin Co.의 '인생은 40부터(목표: 월 4만 유로의 수입 올리기)'와 같은 문구도 좋다.

4 스코어보드 디자인: 손으로 그린 도표를 벽이나 화이트보드에 붙이거나, 더 정교하게 인쇄된 또는 전자 버전도 좋다. 매일 또는 매주 업데이트된 스코어를 모든 사람이 볼 수 있게 게시할 수 있으면 충분하다.

5 축하 행사: 분기별 주제를 통해 큰 목표의 성취를 축하하거나 격려하기 위한 행사를 개최할 수 있다. 간단하게 주차장에서 바

비큐를 하거나 뜻깊은 여행도 가능하다. 주제와 어울리는 여행지를 선택한다면 재미를 더할 수 있다(예를 들어 '분노의 질주' 주제를 카트 타기 체험으로 마무리).

6 보상: 주제에 맞는 상일 수도 있고 금전적인 인센티브를 포함할 수도 있다.

요점은 팀원들에게 결승선 도달과 즐거운 시간을 보낼 기회를 제공하는 것이다.

### 한 페이지 전략 기획 7열: 책임자

일단 비전이 정해지면 회사의 성공을 돕기 위해 다음 분기에 무엇을 할 수 있는지 결정할 수 있도록 회사의 각 개인 또는 팀과 함께하는 기회를 마련하라. 이 자리는 모든 직원이 자신의 일상적인 행동이 어떻게 회사의 목표와 연결되는지 파악할 수 있는 '시야'를 제공한다. 어떤 경우에는 다른 사람들이 특별한 계획에 집중할 수 있도록 성실하게 일하는 것만으로 충분할 수도 있다.

구체적으로 살펴보면 다음과 같다:

1 핵심 성과 지표: 모든 직원 또는 팀은 '생산적인 하루, 한 주를 보냈습니까?'라는 질문에 정량적으로 답할 수 있는 한두 가지

의 지속적인 핵심 성과 지표를 보유해
야 한다.

**2** 분기별 우선순위: 개인이 진행 중인 업
무와 별도로, 직원의 성과를 높이거나
직원의 단기 지표 및 회사의 으뜸 우선
순위에 맞는 특별한 프로젝트의 동력
이 될 분기별 우선순위는 무엇인가?

**3** 단기 지표: 직원 또는 팀별로 회사의
비전 달성에 도움이 될 가장 중요한 수
량화 가능한 분기별 성과는 무엇인가?

직원들의 참여를 유지하기 위한 열쇠 중 한 가지는 그들의 일상
적인 노력과 회사의 목표 및 비전 사이에 연결 고리를 형성하는 일
이다. 모든 사람이 자신의 주요 업무 이외에 한 가지 일을 성취할 수
있다면 직원 수에 따라 분기마다 12개 혹은 수백 가지가 개선될 것
이다.

### 인력 및 프로세스(평판 및 생산성)

비전을 실현하기 위해서 여러분은 무언가를 하는 사람들이 필요
하다! 그렇지 않으면 비전은 단지 종이 위에 적힌 말일 뿐이다. 이 두

가지 주요 요소, 즉 인력과 프로세스는 한 페이지 전략 기획의 본문 바로 위에 나열된다.

왼쪽에 우리는 업무에 관련된 세 가지 주요 그룹 – 직원, 고객, 주주 – 를 나열했다. 목표는 각 그룹 간의 잠재적인 경쟁 수요의 균형을 유지하면서 세 그룹에 대한 회사의 평판을 지속적으로 개선하는 것이다.

오른쪽에는 업무를 추진하는 세 가지 주요 프로세스 – 제조/구매, 판매, 기록 보관 – 를 나열했다. 목표는 대립할 가능성이 있는 각 프로세스의 수요의 균형을 맞추면서 세 가지 프로세스에서 회사의 생산성을 지속적으로 향상하는 것이다.

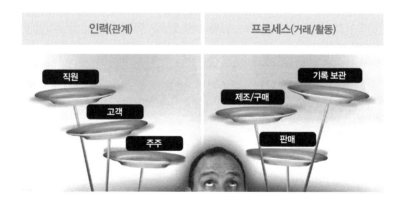

최대의 난관은 접시로 저글링 묘기를 펼치는 것처럼 경쟁적인 여섯 가지 요구 사이의 균형을 맞추는 것이다. 당신은 모든 사람을 행

복하게 하고 싶지만(평판) 가게(생산성)를 내줄 수는 없다. 또한 더 나은 결과를 이끌어내기 위해 프로세스를 지속적으로 개선하기를 원하지만 그 과정에서 어느 그룹도 불편하게 하고 싶지는 않다. 평판과 생산성을 높이는 과정에서 인력과 프로세스라는 요구 사이의 균형을 유지하기 위해서는 잦은 피드백과 계량적 분석이 필요하다. 마치 저글링 묘기 중 접시를 떨어뜨리는 사고를 막기 위한 방지책과도 같다.

한 페이지 전략 기획의 상위 부분을 완료하려면 매주 측정할 수 있는 한두 가지 핵심 성과 지표를 선택해 모든 이해 관계자를 상대로 한 회사의 평판과 세 가지 주요 프로세스의 생산성을 모니터하라.

몇 가지 제안 사항은 다음과 같다.

1 **직원**: 행복도 및 참여도 점수(타이니펄스TINYpulse와 피프틴파이브 사15Five는 이를 측정하기 위한 간단한 시스템을 갖추고 있다.)

2 **고객**: 약속 준수 지표 및 순고객추천지수 점수

3 **주주**: 현금 및 회사의 가치 평가

4 **생산/구매**: 프로세스 속도(경감), 비용, 품질 측정

5 **판매**: 마감 비율, 판매 주기, 매출 지표

6 **기록 보관**: 데이터의 관련성, 속도, 정확성

## 더 나은 균형

로버트 S. 캐플란Robert S. Kaplan과 데이비드 P. 노턴David P. Norton 의 저서 《균형 스코어카드The Balanced Scorecard》에서 소개된 '균형 스코어카드'는 20년이 넘는 기간 동안 업계 표준 성과 관리 도구로 자리 잡아 왔다. 우리는 인력 편에서는 직원, 고객, 주주의 요구를 동 등하게 균형을 맞출 필요성을 강조하는 캐플란과 노턴의 입장과 같 다. 다른 점은 프로세스 편에 있다. 캐플란과 노턴은 모든 프로세스 를 하나의 네 번째 범주로 묶는 반면, 우리는 세 가지 요소, 즉 생산/ 구매, 판매, 기록 보관으로 나눈다. 이 방식이 인력 편에 균형을 더한 다고 믿기 때문이다. 결론적으로 그들은 네 가지 요소의 균형을 맞추 는 반면 우리는 여섯 가지 요소의 균형을 맞춘다.

회계사가 아닌 사람들은 대부분 대차대조표와 손익계산서의 기본 적인 기능과 구조를 이해하는 데 어려움을 겪는다. 회계적 관점에서 회사의 인력과 프로세스 측면을 고려한다면 이해가 더 쉬울 수 있다.

인력 쪽을 살펴보자. 다음 방정식을 통해 현금이 회사에서 어떻게 이동하는지 추적해보자.

**고객**: 돈을 지불하는 사람의 현금

마이너스(-)

**직원**: 기존 직원, 계약업체, 공급업체, 파트너 등 당신이 급여를 제

공(고용)하는 모든 사람에게 지급하는 현금

동일(=)

**주주:** 투자자, 은행, 노동 지분(돈 투자가 아닌 노동 투자에 대한 회사 지분-옮긴이) 등을 갚을 수 있도록 남은 현금

대차대조표는 누가 당신에게 빚을 지고 있는지, 당신이 누구에게 빚을 지고 있는지, 남은 것이 무엇인지를 단순히 기록한 문서다. 또한 당신이 얼마나 많은 현금을 가졌는지 표시한다. 목표는 회사가 비즈니스 역학의 제1법칙, '성장은 현금을 빨아들인다!'에 대비해 성장을 촉진할 수 있는 충분한 현금을 창출하는 것이다.

이제 프로세스 측면을 살펴보자. 다음 요소를 통해 회사가 어떻게 수익을 창출하는지 추적하라.

**생산/구매:** 비용을 발생시키는 프로세스

**판매:** 수익을 창출하는 프로세스

**기록 보관:** 이 모든 거래를 추적하는 프로세스

손익계산서는 단순히 수익과 비용을 문서화하고 이익이 있는지 판단한다. 목표는 비즈니스 역동성의 제2법칙, '낮은 가격에 구매하고 높은 가격으로 판매하라!'를 지키는 것이다.

안타까운 부분은 기업들이 매일 이 근본을 자신도 모르게 어기고 있다는 점이다. 충분한 재무 데이터의 부재는 성장하는 기업들의 두 번째 약점이 되는 이유다. 모든 고객, 제품, 서비스, 판매원, 위치 등의 수익성을 상세하게 기록한 데이터를 통해 어디에서 회사가 이익을 내고 있는지, 내지 못하는지 파악할 수 있다.

결국 회사의 재무 목표는 고용하려는 모든 사람에게 돈을 지불하고 주주들에게 보상할 수 있을 만큼 충분한 현금을 빠르게 확보하면서 충분한 이익을 창출하기 위해 비용보다 더 많은 돈을 받고 물건을 파는 것이다. 경영진은 현금과 이윤 창출 사이의 균형을 관리해야 하며, 이는 직원의 행복과 프로세스의 생산성 사이의 균형을 반영한다.

## 전략 기획 기간 준비

제이에스제이 코퍼레이션JSJ Corporation은 한 페이지 전략 기획을 완성하는 과정에서 설문조사가 가치 있는 도구라는 사실을 발견한다. SWOT 분석을 할 때가 되면 JSJ는 기획 결정에 영향을 미치는 피드백을 받기 위해 고객과 접촉한다. 또한 JSJ는 인재 개발에 관한 올바른 결정을 할 수 있도록 직원을 상대로 한 설문조사를 통해 통찰력을 얻는다.

최고경영자 제이콥슨Jacobson은 팀원들이 사업에서 한발 물러나 다시 기운을 낼 기회를 준 것이 기획 프로세스에서 매우 중요한 역할을 했다고 믿는다. JSJ는 우리 회사가 보통 봄과 가을에 진행하는 '스케일업 서밋' 행사에 임원진과 사업팀의 구성원들을 보낸다. JSJ의 임원진은 한 페이지 전략 기획에 깊이 파고들어 업데이트하기 위해 하루 반 일찍 도착한다. 제이콥슨은 "한 페이지 전략 기획을 통해 잠시 벗어나 깊이 생각하는 시간을 가질 수 있다"라고 말한다.

전략 기획 기간을 준비하는 데는 크게 4가지 (분기별 또는 연간) 활동이 있다.

**1** 각 단계 리더는 직원과 고객으로부터 피드백을 수집한다.
**2** 팀의 리더는 SWOT 분석을 완료하고 상위 3개 우선순위 목록을 제출한다.
**3** 고위 임원진은 SWT 분석을 완료하고 상위 3개 우선순위 목록을 제출한다.
**4** 모든 직원은 한 팀으로 계속 배우고 성장하는 것을 목표로 한다.

아무 자료도 없는 팀의 집단적 두뇌에서는 어떤 결과도 나올 수 없다. JSJ는 우리 스케일링업사의 독서 클럽과 '스케일링업 서밋'에서 제공하는 독서 및 임원 교육을 통해 팀원들의 사고를 자극한다. JSJ는 또한 회사 직원들이 축적한 수십 년간의 경험을 활용하기도 한다.

## 직원과 고객 피드백

첫 번째 준비 활동은 모든 직원에게 간단한 시작/중지/유지 설문을 발송하는 것이다.

**1** [회사명]이(가) 무엇을 시작해야 한다고 생각하는가?

**2** [회사명]이(가) 무엇을 중지해야 한다고 생각하는가?

**3** [회사명]이(가) 무엇을 유지해야 한다고 생각하는가?

여기에는 '휴게실에 새로운 전자레인지가 필요하다'에서부터 '로봇 공학 기술에 대한 검토를 시작해야 한다'에 이르기까지 다양한 답변이 포함될 수 있다.

고객들에게도 똑같은 세 가지 질문을 하라. 만일 수천 명의 소매고객을 보유하고 있다면 임의로 선정된 고객을 대상으로 질문할 수 있다. 또는 계좌 관리자들이 기업 간 고객을 대상으로 대면 혹은 전화로 질의하는 방법이 더 적절할 수 있다. 최선의 판단력을 발휘하되 반드시 고객의 피드백을 과정에 포함시킨다.

고객과 직원으로부터 지속적인 피드백을 수집하고 검토하는 일주일 단위의 루틴은 기획 프로세스 중 결정된 사항에 반영될 수 있다.

## SWT 및 SWOT

우리는 지난 수십 년간 시장을 선도하는 기업이 현실에 눈이 멀어 결국 신생 기업들에 뒤처지고 마는 모습을 목격해왔다. 하버드 경영 대학원의 클레이튼 M. 크리스텐슨Clayton M. Christensen 교수는 이런 현상을 '성공 기업의 딜레마'라고 불렀다(자세한 내용은 같은 제목으로 출간된 저서 《성공 기업의 딜레마》(모색, 1999)에서 확인할 수 있다).

그렇다면 경영진은 왜 그들을 공격하는 광범위한 세계적 동향을 놓치는 것일까? 우리는 표준 SWOTStrengths, Weaknesses, Opportunities, Threats(강점, 약점, 기회, 위협) 분석이 큰 부분을 차지하는 것으로 본다. 그러므로 이 방법론을 업데이트해야 할 때가 왔다.

## 내부/업계 근시안

SWOT 프로세스는 리더가 회사와 업계의 과제를 내부적으로 들여다보게 해 우리가 '내부/업계 근시안'이라고 부르는 현상을 만들어낸다. 기존 SWOT 분석은 임원들이 숲과 나무를 볼 수 있도록 돕지만, 숲 밖에도 세상이 존재한다는 사실을 잊게 만드는 경향이 있다. 내부에 초점을 맞추는 SWOT는 CEO들이 계획을 세우면서 고려해야 할 타 업계와 외부 시장 동향을 포착할 수 있는 적절한 도구가 아니다.

우리가 SWOT를 내던지고 싶은 것은 아니다. SWOT는 여전히 전

략 기획 과정에서 제 역할을 차지하고 있다. SWOT는 회사 내부에
더 집중할 뿐만 아니라 조직의 일상 업무에 더 가까운 중간 관리자들
로부터 아이디어와 의견을 모을 수 있는 훌륭한 도구다.

### 대안이 될 SWT

임원진이라면 SWOT를 SWT로 대체하길 바란다. SWT는 기업이
가진 고유의 강점과 약점을 파악하는 동시에 산업이나 지역을 넘어
더 넓은 외부 동향을 탐색하는 업데이트된 접근 방식이다.

전략 기획 과정은 전략적 사고와 실행 계획이라는 두 가지 뚜렷한
활동으로 구성된다. 전략적 사고는 몇 가지 큰 그림의 아이디어를 도
출한다. 실행 계획은 그 내용을 어떻게 실현할 것인지를 알아내는 것
이다.

기존의 SWOT는 중간 관리의 초점인 실행 계획을 위한 훌륭한 도
구로, 결과적으로 포상과 수정 사항 목록이 만들어진다. 그러나 경영
진에게 SWOT는 함정이 될 수 있다. SWOT는 경영진을 운영 문제
로 끌어들이는 경향이 있어, 준비되지 않은 경우 회사를 충격에 빠트
릴 만한 거대한 세력으로부터 주의를 분산시키는 경향이 있다.

### 세울 시간이 왔습니다

실리콘 밸리 최고의 벤처 캐피털 회사인 앤드리슨 호로위츠An-

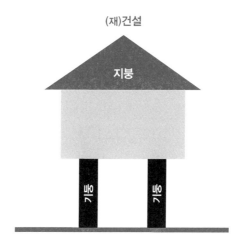

(재)건설

지붕

기둥　　기둥

dreessen Horowitz('a16z'로 알려진)의 공동 설립자이자 총괄 파트너인 마크 앤드리슨Marc Andreessen은 팬데믹이 시작될 때 '세울 시간이 왔습니다'라는 제목의 블로그를 작성했다. 이 글은 매우 호평을 받았고 시기적절해 (우리 회사에서 그 글을 홍보했다!) a16z는 슬로건을 '소프트웨어가 세상을 집어삼키고 있다'에서 '세울 시간이 왔습니다'로 변경했다. 그리고 우리는 이 아이디어를 기업들이 계획 A에서 Z로 옮겨가면서 비즈니스 모델과 시장을 통해 계속해서 세워가야 할 중심축에 대한 비유(구축, 재구축, 구축, 재구축)로 사용했다.

빌딩 모델을 문자 그대로 비유하면 성공에는 중요한 두 가지 요소 – 단단한 기초 깔아주기와 가능한 한 빨리 지붕 올리기 – 가 있다. 그런 다음 나머지 부분을 완료하는 데 시간을 투자하면 오래도록 사용할 수 있는 빌딩이 완성된다.

이것이 SWT의 역할이다. 이는 조직의 핵심 강점(핵심 역량)과 주요 약점(나머지 계획의 기반이 되는 교각)에 대한 깊은 이해에서 시작한다.

다음은 지붕이다. 사실, 당신은 지붕 위에 오르고 싶어 한다! 당신은 숲과 산업을 구성하는 나무들 너머를 보고 당신에게 다가오는 해일이 없는지 확인할 수 있도록 수평선을 보기를 원한다. 이러한 시장의 힘 또는 동향을 인식하고 앞서가는 일은 중요하다. 당신의 회사는 성공적으로 그 트렌드에 오를 준비가 되어 있는가? 아니면 트렌드에 떠밀려가는가?

따라서 경영진은 전략적인 사고를 확고히 세우기 위해 SWT를 완성할 필요가 있다. SWT는 경영진이 회사의 본질적인 강점과 약점에 대한 냉혹한 진실과 그들의 산업을 휩쓸려는 세계적인 추세를 직면하는 데 도움이 될 것이다.

SWT의 구성 요소를 살펴보자.

## 동향

경영진은 SWOT가 표면화하는 즉각적인 기회와 위협을 판단할 뿐만 아니라 그보다 앞서가야 한다. 리더는 기업뿐만 아니라 업계 전반을 뒤흔들 수 있는 전 세계에 걸친 기술, 유통, 제품 혁신, 시장, 소비자, 사회 발전의 중대한 변화를 비롯한 주요 동향을 살펴야 한다.

경쟁자에 대해서는 잊어버리자. 지구 반대편에 당신을 폐업하게 만들 수도 있는 회사가 있는가? 하룻밤 사이 모든 회사의 사업 방식에 변화를 가져올 수 있는 새로운 기술이 창업 현장에 등장하고 있는가? 로봇 공학이 업무의 본질을 어떻게 바꾸고 있는가? 이런 질문들은 전략적 사고팀이 반드시 탐구해야 할 내용이다.

당신의 업계와 회사를 뒤흔들 가능성이 가장 큰 4~6개의 동향을 골라 한 페이지 전략 기획 하단에 나열하라. 앞서 언급한 짐 콜린스의 이중적 역동성을 떠올리면 이러한 동향은 한 페이지 전략 기획 우측의 '진보를 자극'에 고정될 것이다.

동향을 파악하는 능력을 향상하려면 팀 내 각 수석 리더들이 업계에서 일 년에 한 번 열리는 박람회에 참석하길 권장한다. 만약 중공업 분야에 속한다면 소비자 산업 박람회를 선택하자(어떤 업계에 속하든 팀원 중 누군가는 소비자 가전 전시회Consumer Electronics Show에 참석해야 한다!). 만약 제조업 분야라면 전문적인 서비스 박람회에 참석해보라. 다양한 박람회에 참석해 다른 산업에서 어떤 아이디어를 자신의 회사에 적용할 수 있는지 파악하자.

사고를 더 자극하길 원한다면 피터 디아만디스Peter Diamandis의 《어번던스: 혁신과 번영의 새로운 문명을 기록한 미래 예측 보고서》(와이즈베리, 2012)를 읽고 저자가 매년 개최하는 'A360 콘퍼런스'에 참석할 것을 추천한다. 또한 프로스트 앤 설리번Frost & Sullivan의 미래학자 팀은 매년 다양한 산업에 대한 '메가 트렌드' 보고서를 출판한다. 업계와 다른 산업에 대한 통찰력을 얻을 수 있을 것이다.

## 핵심 강점 및 약점

우리 인간처럼 조직도 선천적인 강점과 약점을 가지고 있다. 장단점에 대처하는 일은 자신을 바꾸는 것이라기보다는 자신이 가진 것을 이용하는 것이다(진화!). 당신의 강점에 맞게 행동하고 약점을 피하라.

핵심 역량이라고 불리기도 하는 핵심 강점은 시장에서 기업의 전략적 우위를 뒷받침할 뿐만 아니라 시간이 지남에 따라 드러나는 자원과 역량이다. 프랑스 다국적 기업 소시에떼 빅BIC corporation은 핵심 역량을 통해 펜을 넘어 라이터, 면도기 및 기타 소비자 제품으로 영역 확장이 가능했다. 게리 하멜Gary Hamel과 C.K. 프라할라드C.K. Prahalad가 쓴 '기업의 핵심 역량The Core Competency of the Corporation' 이라는 제목의 유명한 하버드비즈니스리뷰 기사를 읽어보길 권한다. 구글에서도 핵심 역량에 관한 다양한 기업의 수많은 예시를 검색할 수 있다.

그에 반해 핵심 약점은 본래 약하고 쉽게 고칠 수 없는 조직의 속성이다(고치려고 해서는 안 된다). 핵심 약점의 많은 부분은 본질적으로 문화적이고 기초적이다. 예를 들어 쓰리엠은 정확하게 판매에 핵심적인 약점을 가지고 있는데 그 이유는 회사의 문화가 '과학'이기 때문이다 (쓰리엠의 슬로건은 '과학'이고 과학은 쓰리엠의 두 가지 핵심 강점 중 하나다). 과학자들은 대중을 상대로 '판매'하기보다 혁신을 좋아한다.

쓰리엠은 이런 직접적인 판매 문화의 부족을 상쇄하기 위해 제휴를 통해 핵심 강점을 개발하고 이를 연간 파트너의 수와 회사가 받는 '올해의 공급업체' 상으로 측정했다. 쓰리엠은 수천 개의 회사를 상대로 과학 부문 파트너 역할을 하며 어려운 업계의 문제를 혁신적으로 해결할 수 있도록 도와 현재까지 6만 개 이상의 솔루션을 내놓았다. 그에 대한 보답으로 파트너사들은 해결책의 공급을 돕는다.

스케일링업사의 최고경영자 버네는 자녀들이 다니는 벤 프랭클린 국제학교BFIS가 5개년 전략 계획으로 핵심 강점과 약점을 구분하는 작업을 도왔다. 버네는 몇 달간 매주 학교장실에서 점심을 겸한 '협의회' 회의를 통해 학교의 위치가 바르셀로나라는 점이 학교의 주요 강점이라고 결론내렸다.

바르셀로나는 세계에서 가장 매력적인 도시 중 한 곳으로 특히 실리콘 밸리 출신의 외국인들이 살기에 좋다. 그런 이유로 벤 프랭클린 국제학교는 미국의 샌프란시스코 지역에 모집 노력을 집중했다. 이런 노력으로 벤 프랭클린 국제학교는 바르셀로나에 있다는 약점을 상쇄할 수 있었고 큰 효과를 거두었다. 대부분의 국제학교는 〈포천〉지 선정 500대 기업 또는 정부 기관/대사관의 해외 사무실에서 일하는 외국인 가족의 학생들을 유치하는데 학교들은 대부분 마드리드에 있다.

벤 프랭클린 국제학교의 위치는 학교 근처에 확장할 수 있는 인접한 땅이 없었기 때문에 약점으로 작용했다. 이사를 여러 번 고려했던 이 학교는 결국 위치를 구조적인 현실로 받아들이고 입학할 수 있는 학생 수를 제한하는 방법을 선택했고 스포츠 시설 사용을 위해 근처의 경쟁적인 학교들과 제휴했다.

동향과 마찬가지로 핵심 강점(핵심 역량)과 약점은 한 페이지 전략 기획의 장기 계획을 수립하고 기반을 고정하기 위한 일부로 정의되어야 한다. 핵심 강점의 상대적인 장기적 영속성을 고려하면 한 페이지 전략 기획의 '핵심 보존' 측면을 왼쪽에 고정한다.

## 모든 레벨에서 아이디어 도출하기

요약하자면 전략적 기획 프로세스를 적절하게 공급하기 위한 핵심은 조직의 모든 레벨에서 아이디어를 끌어내기 위해 다양한 기술을 사용하는 것이다. 일선 직원과 고객에게는 시작/중지/유지 질문을 던진다. 중간 관리자에게는 표준 SWOT를 요구하고 분기 또는 연도의 상위 세 가지 우선순위를 묻는다.

그리고 고위 관리직 팀은 SWT를 통해 더 깊고 넓게 사고하도록 요구한다. 어떤 동향이 업계를 뒤흔들 것인지 알고 그에 대처할 계획을 세우고 있다면 경쟁에서 앞서 나가는 데 도움이 될 것이다. 또한 당신의 영역을 장악하고 싶어 하는 새로운 경쟁자들을 찾아내 적절한 조치를 마련할 수 있을 것이다. 아마존의 창업자 제프 베조스Jeff Bezos는 매주 팀원들에게 지난 7일 동안 어떤 경쟁자들이 시장에 진출했는지 질문한다.

## 올바른 일을 제대로 하기: 완성된 한 페이지 전략 기획

여기까지 잘 따라와주었다. 당신은 한 페이지 전략 계획, SWT 및 비전 요약을 완성했다. 한 가지 주의 사항은 돌아가서 문서를 수정하고 싶은 유혹을 참는 것이다. 요점은 정확한 단어를 찾거나 완벽하게 사용하는 것이 아니다. 문서가 아무리 불완전하더라도 회사를 위해 모든 것을 말해주는 무언가를 종이 한 장에 가지고 있고, 회사가 잠재력에 도달할 수 있도록 매일 그 자료를 사용할 수 있다는 점이 중요하다.

'한 페이지 전략 기획은 1퍼센트의 비전과 99퍼센트의 동의라는 점을 기억해야 한다!' 나는 이 말을 너무 자주 해서 결국 내가 배포하는 모든 한 페이지 전략 기획 위에 기재하고 말았다. 여러분은 회의, 대화, 문서가 아니라 직원들이 해야 할 일을 할 수 있도록 준비하는 데 엄청난 노력을 기울여야 한다. 매일, 매주, 분기별, 그리고 매년 한 페이지 전략 기획 및 비전 요약을 사용하여 '올바른 일을 하라!'

# 그림 3-3

그림 3-3

| 전략: 한 페이지 전략 기획(OPSP) | 회사 이름: 테스코 |

## 작성자 이름

### 직원
1. 7일마다 감사 KPI = 100% 답변
2. 사원 순 승진자 점수 KPI = 60 이상
3. 자발적 A–Player 보유 – KPI = 95%

### 고객
1. 배송 – KPI = 일일 리포트 10분
2. 고객, "연락처" – KPI = 고객당 연락처 3개
3. NPS – KPI = 순 추천 지수 8.5

### 주주
1. 일일 현금 증가 – KPI = 증가율 %
2. 수익 증가 – KPI = 20%
3. 매출총이익 – KPI = 55%

| 핵심 가치/신념<br>(해야 할 것/하지 말아야 할 것) | 목적<br>(이유) | 중장기 목표(3~5년)<br>(어디서) | 연간 목표(1년)<br>(무엇) |
|---|---|---|---|
| 우리는 '속도'라는 말을 듣기 위해 산다.<br>절대 'No'라고 하지 않는다!<br>우리는 항상 선택권을 준다.<br>우리는 고객과의 신뢰를 형성한다. | 쉽게–우리는 데이터를 쉽게 사용하여 사람들에게 피해를 주기보다 도움이 되도록 한다! | 미래 날짜 2023년 10월 31일<br>매출 14,250,000달러<br>수익 2,850,000달러<br>시가 총액/현금 1,425,000달러 | 연말 2023년 10월 31일<br>수익 6,875,000달러<br>이익 1,375,000달러<br>시가 총액<br>매출총이익 3,781,250달러<br>현금 687,500달러<br>외상 매출금 기간 32<br>재고 기간 15<br>1인당 매출액 225,000달러 |

### 중장기 목표 세부

| 행동<br>실생활의 가치, 목적 | 중장기 목표(3~5년)<br>(어디서) | 주요 계획<br>1년 우선순위 |
|---|---|---|
| 1 핵심 가치와 목적을 사무실에 시각적으로 게시 | 1 미래 날짜 | 1 제안 절차 자동화 |
| 2 모든 마케팅 자료 및 온라인 게시 | 2 매출 | 2 대시보드/KPI 수치 매주 업데이트 및 검토 |
| 3 일대일 개최 – 분기별 – CV, CP, BHAG 리뷰 | 3 수익 | 3 채용/답승 계획 및 프로세스를 제자리에서 진행 |
| 4 | 4 시가 총액/현금 | 4 모든 테스코 팀원이 당사의 CP/CV/BHAG를 이해하고 따른다 |
| 5 | 5 | 5 |

| X당 이익 | 브랜드 약속 KPIs<br>10일 이하 – 설치 NPS 점수 60점 이상<br>측정 가능한 결과까지 영업일 기준 7일 소요 | 단기 지표: 인력 또는 대차 대조표<br>■ 박사급 6명 채용<br>■ 박사급 5명 채용<br>■ 녹색과 적색 사이<br>■ 박사급 3명 채용 |
|---|---|---|
| 원대한 목표,<br>GLOBAL #1' ~ 글로벌 데이터 분석 솔루션 1위.<br>포천지 선정 2,500위 안에 1,000개 설치 – 전 세계적으로! | 브랜드 약속<br>설치 속도<br>거래가 용이함<br>일주일 안에 결과가 나타남 | 단기 지표: 프로세스 또는 손익<br>■ 60% 매출총이익<br>■ 55% 매출총이익<br>■ 녹색과 적색 사이<br>■ 50% 매출총이익 |

### 강점/핵심 역량
1. 심층 분석 기능
2. 박사학위 취득 문화
3. 오직 속도

### 약점:
1. 우리는 훌륭하다. 그리고 우리는 그 점을 알고 있다.
2. 영업 능력 부족–최고를 위해 노력
3.

## 과정(생산성 추진 요인)

### 제조/구매

1. 파이프라인 전체 – KPI – 적격 리드 60개
2. 활성 제안 – KPI = 14 활성
3. 마감 비율 – KPI = 75% 이상

### 판매

1. 프로젝트 소요 시간 – KPI = 예산의 90% 충족
2. 도움말 티켓 – KPI = 95% SLA 충족
3. 이용률 – KPI = 85%

### 기록 보관

24시간 이내 청구서
현금 전환 주기 – 18일
3. 적시 보고서 – 매일, 매주

| 분기 목표(분기)<br>(해야 할 것/하지 말아야 할 것) | | 주제<br>(분기/연간) | 책임자<br>(누구/언제까지) | |
|---|---|---|---|---|

| 수량 | 2020년 3월 31일 마감 |
|---|---|
| 수익 | 2,185,000달러 |
| 이익 | 37,000달러 |
| 시가 총액 | |
| 매출총이익 | 1,201,750달러 |
| 현금 | 145,000달러 |
| 외상 매출금 기간 | 35 |
| 재고 기간 | 18 |
| 1인당 수익 | 225,000달러 |

**마감 시한** | 2020년 3월 31일 마감
측정 가능한 목표/크리티컬 의사 결정자, 고객 및 파트너와 1,200명의 대면 미팅

**주제 이름**
1,200까지 레이스

| 1 | 제안 마감 | 50 |
|---|---|---|
| 2 | 제안 접촉 | 250 |
| 3 | 대면 면담 | 125 |

### 핵심 사항
분기 우선순위

| 1 | |
|---|---|
| 2 | |
| 3 | |
| 4 | |
| 5 | |

### 실적표 설계
여기에 생각하는 바를 설명하고
(설명하거나) 스케치하시오

### 분기별 우선순위 · 마감일

| 1 | 영업사원 3명 고용 | 2020/3/31 |
|---|---|---|
| 2 | 구글 노출 늘리기 | 2020/3/31 |
| 3 | 1200 전체 팀과의 고객 미팅 | 2020/3/31 |
| 4 | 고객으로부터 핵심 가치에 대한 10가지 사례 제공 | 2020/3/31 |
| 5 | | |

### 단기 지표: 인력 또는 대차 대조표
■ 22 서비스 계약
■ 20 서비스 계약
■ 녹색과 적색 사이
■ 18 서비스 계약

**축하 행사**
사랑하는 가족들을 한자리에 모아 그 업적을 축하하는 성대한 만찬

### 단기 지표: 인력 또는 대차 대조표
■ 1500 고객 미팅
■ 1200 고객 미팅
■ 녹색과 적색 사이
■ 900 클라이언트 미팅

### 단기 지표: 프로세스 또는 손익
■ 89% 가동률
■ 85% 가동률
■ 녹색과 적색 사이
■ 75% 가동률

**보상**
12,000달러가 12개 단체에 기부되었다 – 한 단체당 1,000달러! 연락할 때마다 10달러

### 단기 지표: 프로세스 또는 손익
■ 150 위탁
■ 100 위탁
■ 녹색과 적색 사이
■ 75 위탁

**동향**

1. 인공 지능 그리고 인공 지능이 어떻게 진화할 것인가.
2. 기술이 진화하는 속도
3. 솔루션 사용에 대한 일반적인 견해
4. 커뮤니케이션 매체 변화–사회적
5. 정보 흐름(속도와 유형) 변화
6. 데이터가 도구로서 갖는 가치

Mastering
The Rockefeller
Habits

# Part 4

핵심 가치 활용법
마스터하기

# 훌륭한 회사를 만들기 위해 핵심 가치를 활용하라!

● ● ●

## | 경영자를 위한 요약 |

몇 가지 규칙을 갖고, 자주 반복하며, 규칙에 부합하는 방식으로 행동하라! 이 세 가지는 자녀의 기초적인 도덕 교육이나 회사의 강력한 문화적 토대를 구축하기 위한 핵심적인 요소다. 강한 조직 문화가 월등한 성과를 내고, 이직률을 줄이며, 조직의 단결력을 강화한다는 증거는 반박할 수 없을 정도로 많다. 그와 더불어 중요한 부분은 몇 가지 규칙(핵심 가치)에 의해 운영되는 강력한 조직 문화다. 사람들을 더 쉽게 이끌 수 있고, 정책이나 절차를 간소화하며, 조직원들이 어려운 결정을 내릴 때 필요한 잣대를 제공할 뿐만 아니라 회사 내의 '인력' 시스템을 대체로 간결하고 명확하게 만들어 주기 때문이다. 이번 장에서는 핵심 가치가 아직 명확하게 정의되지 않은 조직을 위해 핵심 가치 발견을 위한 간단한 연습 기회를 제공하고, 핵심 가치를 생생하게 구현하기 위한 여덟 가지 활동을 제시할 것이다. 또한 핵심 가치를 활용해 직원 오리엔테이션 조직, 신규 인력 채용, 인터뷰, 성과 관리 등을 위한 마구잡이식 목록을 대체할 방법을 알아보자.

신용카드 결제 회사인 베리폰Verifone의 최고경영자였던 하팀 티압지Hatim Tyabji는 베리폰을 매출 3천만 달러(약 403억 5300만 원)에서 6억 달러(약 8070억 6천만 원) 규모의 다국적 기업으로 키웠다. 그는 가장 중요한 리더십과 관리 도구는 베리폰의 성공을 위한 여덟 가지 핵심 가치를 여덟 가지 언어로 번역한 조그마한 소책자였다고 말한다. 티압지는 여덟 가지 규칙을 기반으로 강력하고 세계적인 기업 문화를 만들기 위해 노력하면서 "지난 6년을 (핵심 가치를) 되새기는 데 투자했다"라고 표현했다.

## 정확한 단어 찾기: 화성 임무Mission to Mars

핵심 가치를 이미 분명히 정했다면 다음 절로 넘어가도 좋다. 아직 핵심 가치를 정하지 못한 사람들만 계속 읽으면 된다. 아무런 준비 없이 백지 한 장만 가지고 핵심 가치를 찾으려 하다가는 성과를 얻지 못할 뿐더러 좌절을 맛보기 쉽다. 나는 기업들이 핵심 가치를 발견하느라 수만 달러를 쏟아붓고 수개월 동안 갖은 고생을 다 했지만, 기존 조직 문화의 독창성과 힘을 잃어버린 두루뭉술한 목록을 만드는 데 그친 모습을 수없이 목격했다. 하지만 이와 달리 놀랄 만큼 빠르고 흥미로운 방식으로 핵심 가치에 도달하는 방법이 있다. 짐 콜린스가 처음 제시한 방법에 해답이 있다. 지금부터 내가 설명할 접근 방법을 이용하면 30분 만에 훌륭한 핵심 가치 초안을 만들 수 있으며 한두 시간이면 문서를 완성할 수 있다. 짐 콜린스는 이 과정을 '화성 임무'라고 부른다.

종업원을 대표하는 그룹이나 회사 전체의 관리자들, 혹은 원한다면 고위 경영진들을 한자리에 모아라. 그들에게 다음과 같은 가상의 상황을 던져준다. 미국 기업을 연구하는 화성 인류학자들이 당신 회사의 조직 문화를 이해하기 위해 노력하고 있다는 가정이다. 각 참여자는 화성에 보내기 위해 그 자리에 없는 직원 다섯 명의 이름을 생각해내야 한다. (신생 기업일 경우 목록에 초기 창업 멤버나 직원 4~5명이 포함될 가능성이 크지만 상관없다). 화성인들은 영어를 못하며 파워포인트를 이용한 프레젠테이션이 얼마나 좋은지도 모른다. 따라서 화성인들은 관찰을 통해서만 배울 수 있다. 이런 상황에서 다섯 명의 어떤 종업원이 회사에 대해 좋은 내용을 전달할 것인가? 발표를 잘한다는 이유만으로 사람을 뽑지는 말고 내가 이렇게 말한다고 특정인을 배제하지도 말라. 기업의 각 기능을 대표하는 균형 잡힌 팀을 뽑으려고 지나치게 고민하지 말자. 화성인에게 회사의 좋은 점이 무엇인지 느낌을 잘 전달할 수 있는 다섯 명을 선택하기만 하면 된다!

각 개인이 정확히 다섯 명의 이름을 정하면 이를 집계해 가장 많이 거명된 세 사람이 누군지 파악한다. 여기서 주의할 점은 리스트가 밖으로 새어 나가지 않도록 해야 한다는 점이다. 이는 단지 사고 실험일 뿐이며 선택된 세 명의 개인에 관한 대화는 그 장소에만 한정되어야 한다. 가장 많이 거명된 사람을 필두로 세 명에 관한 대화를 시작하라. 그들은 누구인가? 그들이 일을 잘하는가? 고객이나 직장 동료들은 그들에 대해 어떻게 말하는가? 그들은 왜 조직에 중요하고 귀중한 존재인가? 또 다른 방법은 반대로 접근하는 것이다. 참석자들에게 일을 제대로 하지 못하는 직원을 떠올리도록 하고 그들이 왜 잘못됐는지 브레인스토밍하라.

참석자들의 대화를 간단히 메모하다 보면 특정 주제나 패턴이 나타나는 것을 발견할 수 있을 것이다. 대화에서 나오는 단어들이 당신이 기대했던 것보다 정제되거나 인도적이지 못하다고 놀라지 말자. 그리고 그런 말을 하는 사람을 입막음하지도 말자. 당신의 목표는 핵심 가치가 무엇이어야 하는지에 대한 상공회의소의 공허한 개념이 아니라 회사의 진정한 핵심 가치가 무엇인지 알아내는 것이다. 콜린스는 이렇게 말했다.

"…보편타당하게 적용하도록 모아놓은 핵심 가치는 없다. 어느 회사는 고객 서비스를 핵심 가치로 정할 필요가 없으며(소니), 개인 존중(디즈니)이나 품질(월마트), 시장(HP), 팀워크(노드스트롬) 등도 각각의 회사가 핵심 가치로 정할 필요가 없는 것들이다. 어느 회사든 존재의 핵심으로 삼지 않으면서도 위의 가치들과 관련된 운영 조직이나 경영전략을 가질 수 있다. 게다가 위대한 회사는 호감이 가거나 인도주의적인 핵심 가치를 가질 필요가 없다. 물론 많은 회사가 그런 핵심 가치를 갖고 있다. 중요한 점은 어떤 핵심 가치를 갖고 있느냐가 아니라 핵심 가치를 가졌는지 아닌지다."

회사의 핵심 가치를 묘사할 적절한 단어와 아이디어에 접근함에 따라 열기가 점점 뜨겁게 달아오를 것이다. 핵심 가치에 도달했는지 어떻게 알 수 있을까? 팔에 소름이 돋으면 바로 그게 핵심 가치다. 직원들이 당신의 오랜 신념을 얘기할 때, 그리고 자신들이 어떻게 동기부여가 되는지를 털어놓을 때, 당신은 핵심 가치를 인식하게 될 것이다. 그런 다음 어휘를 약간만 손질하면 사용 가능한 키워드와 규칙을 만들 수 있다. 우리 스케일링업에는 다섯 가지 핵심 가치가 있다.

**1** 고객이 열광하게 하라.

**2** 지적 창의력을 존중하라.

**3** 모든 사람을 창업자로.

**4** 말한 내용을 실행하라.

**5** 끊임없는 투명성

'화성 임무'는 강력하며 진실을 드러낸다. 나는 경영 동학 마스터 프로그램에서 한 회사에 화성 임무를 적용한 적이 있다. 그 회사 CEO는 비교적 많은 수의 경영진을 데리고 왔다. 그 자리에는 전체 120명 직원 가운데 14명이 참석하고 있었다. 화성 임무를 위한 5명의 특사는 곧 선발되었지만 칠판에 적은 핵심 가치들은 CEO를 긴장하게 했다. 그러다 칠판에 '건설하다', '우아함', '디자인'이라는 세 단어가 쓰이자 젊은 CEO의 뇌에서 시냅스가 활성화되는 모습이 확연히 드러났다. '건설하다'라는 단어는 그에게 부친과 함께 일하던 어린 시절을 떠올리게 했다. 또 현재 건설 산업에 소프트웨어 솔루션을 제공하고 있는 현재 그 회사의 업무와도 맞아떨어졌다. '우아함'과 '디자인'은 제대로 돌아가지 않는 솔루션을 접했을 때 CEO가 보여주곤 하는 성마른 성격과 관련이 있었다. 그 단어들은 CEO의 마음 속에 울려 퍼졌다. 그는 직원들도 자신과 진정으로 공감하고 있음을 알고 감동한 모습이었다.

그날 그 소프트웨어 회사에서 있었던 일은 미래를 위해 중요했다. 쌍방향 커뮤니케이션이 이루어졌기 때문이다. 관리자들은 CEO에게 동기를 유발하는 단어를 잘 알고 있음을 과시했고 CEO는 그들에게 그 단어들의 더 깊은 뜻을 이해할 수 있도록 추가 정보를 제공했다. 그렇다면 조직이나 CEO가 이런 방식으로 서로 이해의 폭을 넓히는 일은 중요할까? 매우 그렇다. 조직이 이해하지 못하고 표류하기 시작 하면 CEO는 우위를 잃는다. 어쩌면 사업을 포기하고 기업을 팔아치 울 수도 있다. 그러나 조직이 이해한다면 구성원들은 조직 목표와 일 치해 하나가 될 수 있고 회사는 번창할 것이다.

핵심 가치를 직원, 고객 및 전 세계와 공유하는 방법의 훌륭한 예 시를 보려면 구글에서 '아틀라시안 핵심 가치Atlassian Core Values'를 검색해보자. 짧은 영상과 아틀라시안의 다섯 가지 핵심 가치 목록을 볼 수 있다. 각각은 단어가 아니라 구절이며, 그들의 스타일과 문화 에 맞는 언어(약간 매운맛)를 사용했다는 점을 확인할 수 있을 것이다. 또한 각각의 핵심 가치에 맞는 시각적 이미지를 볼 수 있다. 마지막 으로 랜딩 페이지(특정 사이트에 접속하는 이용자가 최초로 보게 되는 웹페 이지-옮긴이)에서 바로 아래를 보면, 여러분은 아틀라시안이 채용 및 선발 과정의 일부로 이러한 핵심 가치를 사용하는 모습을 확인할 수 있을 것이다.

2005년 시드니에서 나와 함께 진행한 이틀간의 워크숍에서 핵심 가치를 발견한 공동 설립자 스콧 파쿠하Scott Farquhar는 "우리가 50 명에서 8천 명 이상의 직원으로 확장한 이후 많은 것이 바뀌었지만 우리의 다섯 가지 핵심 가치는 변하지 않았다."라고 말한다.

## 핵심 가치를 살리는 기술

일단 규칙이나 핵심 가치를 정하면 나머지 노력의 99퍼센트는 핵심 가치를 기존 직원들과 함께 유지하면서 신규 직원이나 합병으로 중간에 합류한 이들에게 되풀이해서 가르치는 일이다. 이 과정에서 가장 어려운 부분은 회사의 가치를 반복하고 이를 준수하는 것이다. 리더는 핵심 가치를 단지 벽에 게시하거나 납작한 플라스틱 카드에 인쇄해서 직원들에게 나눠주는 수준을 넘어서야 한다. 참신함을 유지하려면 약간 창의적일 필요가 있다. 핵심 가치가 진부하게 느껴지지 않으면서도 매일 강화될 수 있도록 같은 정보를 전달하기 위한 다양한 방법을 계속해서 찾아야 한다.

## 스토리텔링

사람들은 재미있는 이야기를 좋아하며 대부분의 훌륭한 리더들은 우화나 스토리텔링을 통해 가르침을 전한다. 스토리텔링은 쓴 약을 부드럽게 넘길 수 있는 설탕 역할을 뛰어넘는 의미를 담고 있다. 나는 경영 동학 마스터 과정MBD 고객들과 '화성 임무' 실습을 하면서 약간의 이야기와 전설은 CEO와 직원들의 유대를 강화하는 데 도움이 된다는 점을 깨달았다. 또 이야기는 CEO의 흥미와 참여를 유도하기도 한다. 무엇보다 이야기는 유별나거나 모호하게 느껴질 수 있는 다양한 핵심 가치에 대한 설명을 제공한다. 당신은 도덕을 언급하는 대신 이야기를 쭈욱 풀어놓고 "이런 이유로 우리는 ○○을 핵심 가치로 여긴다"라고 말하면 된다.

화성 임무 실습은 회사의 스토리텔링 전통을 시작하기에 아주 좋은 시간이지만 거기서 그치지 말자. 논리적으로 적합한 곳이라면 어떤 경영전략에서든 스토리텔링을 구체화하라. 가능한 한 가장 오래된 이야기를 하되 새로운 스토리로 북돋아야 한다. 더 많은 직원이 핵심 가치를 근무 환경에 적용할수록 핵심 가치는 더 적절하고 유용해진다.

스토리텔링을 일상으로 끌어들이려면 월별 혹은 분기별 직원 총회(회사에 분명 이런 자리가 있을 것이다)에서 활용하는 방법에서부터 시작해보자. 각 핵심 가치를 나타내는 지난달 혹은 지난 분기의 이야기를 공유하는 것이다. 이야기를 생각해내는 가장 빠른 방법은 주간 임원 회의(이런 회의가 반드시 있을 것이다)에서 15분간 추천을 받고 적절한 사례를 제안하도록 요구하는 것이다. 만약 아직 직원 총회나 임원 회의를 정기적으로 갖고 있지 않다면 8장의 '일간 및 주간 회의 마스터하기'를 참조하자.

## 인사 채용과 선발

일단 핵심 가치를 구성하는 단어, 규칙, 이야기를 만들었다면 이를 직원 선발 과정에 적용해보자. 신규 인력이 조직 문화에서 편안함을 느끼는 일은 중요하며 이를 판단하기 위한 가장 좋은 방법은 그들이 핵심 가치와 일치감을 느끼는지 확인하는 것이다. 핵심 가치를 채용 광고나 모집 분야를 설명할 때 도입하는 일부터가 시작이다. 이렇게 하면 핵심 가치에 공감하는 이들의 관심을 끌 수 있다. 인터뷰에서 채용 후보자의 가치관이 회사의 핵심 가치와 일치하는지를 확인하는 질문과 평가 항목을 적용하라. 이를테면, 우리 스케일링업은 창업 경험이 있는 사람을 찾는다(핵심 가치 3: 모든 사람을 창업자로). 사람을 선택할 시점이 되면 각 개인을 인터뷰한 다양한 평가자들에게 핵심 가치와 잘 어울릴 것 같은 정도를 점수화해서 평가하게 한다. 목표는 핵심 가치와 딱 맞는 신규 인력을 채용하는 것이다. 그 확률을 높이는 길은 채용 후보자들이 회사의 핵심 가치를 자기 것으로 만드는 능력을 따져보는 것이다.

## 오리엔테이션

채용이 끝나면 이제 신입 사원을 교육해야 할 시간이다. 다른 많은 사회 조직이 그렇듯 오리엔테이션(이런 행사가 분명히 있을 것이다)은 회사의 핵심 가치를 더 강조할 수 있는 시간이다.

세계적인 웹에이전시인 사피엔트Sapient의 전 문화 건축가인 코트니 디킨슨Courtney Dickinson은 일주일에 걸친 신입 사원 교육 프로그램을 만들었다. 프로그램을 개설한 기본 목적은 컴퓨터에 익숙한 기술자들이 고객 지원 업무 환경에 적응하도록 하는 것이었다. 그녀는 사피엔트의 핵심 가치를 이용해 경험적으로 학습할 수 있도록 했고 결과적으로 이 방식은 매우 강력했다. 한 직원은 그녀에게 이렇게 말했다. "내 전 고용주에게 이런 핵심 가치를 보여줄 수 있다면 그들이 내가 왜 떠났는지 알았을 텐데 아쉽다. 내가 믿는 바가 그대로 드러나기 때문이다." 디킨슨은 신입 사원 교육이 처음에는 선택 사항에 불과했지만 머지않아 필수가 됐다며 "신입 사원 교육에 참여하지 않은 사람은 거의 모두 회사를 곧 그만두고 말았다. 직원 이탈을 방지하는 데 신입 사원 교육이 큰 역할을 했다."라고 회상한다.

최소한 CEO나 다른 최고 경영진은 오리엔테이션에 참석해 각각의 핵심 가치에 관한 회사의 전설(이야기)을 나누어야 한다. 모든 면에서 회사에 도움이 될 것이다.

## 성과 평가

핵심 가치가 인력 채용이나 오리엔테이션에서 중심 역할을 한 것처럼 성과 평가 시스템에서도 뼈대가 되어야 한다. 약간의 창의성을 추가한다면 어떠한 성과 평가도 핵심 가치와 연계될 수 있다.

추가 사항으로 직원 안내서에 각 핵심 가치별로 섹션을 만들자. 회사의 핵심 가치는 기독교의 십계명처럼 기본적으로 모든 다른 지침의 중심이 되어야 한다.

## 인정과 보상

인정과 보상 범주에서도 핵심 가치를 벗어나지 말자. 핵심 가치를 분기 혹은 연례 행사 때나 좋은 뉴스용 게시판에 공개적으로 사용한다면 조직 내에서 핵심 가치의 중요성을 더욱 강화할 것이다. 핵심 가치를 부각하는 성공 사례를 인정하거나 보상할 때마다 새로운 이야기나 전설을 위한 자료를 얻을 수도 있을 것이다. 예를 들면 우리 스케일링업은 분기 기획 회의에서 우리의 핵심 가치인 '말한 내용을 실행하라' 혹은 '지적 창의력을 존중하라'를 모범적으로 보여준 인물을 선정한다.

## 내부 뉴스레터

뉴스레터의 제호를 외우기 쉽고 눈길을 끌게 정하려고 애쓸 필요는 없다. 핵심 가치에서 몇 단어나 구절을 이용하면 충분하기 때문이다. 이미 핵심 가치와 관련된 주제가 있는데 왜 뉴스레터를 계절이나 분기 혹은 아무도 모르는 내용으로 꾸미려 하는가? 뉴스레터가 발행될 때마다 핵심 가치를 한 가지씩 집중적으로 부각하자. 그리고 회사가 개선될 수 있도록 핵심 가치를 실무에 적용하는 직원의 이야기를 더 많이 담자.

## 주제로 삼기

이제 서서히 내가 같은 말을 반복하는 사람처럼 들리기 시작하겠지만 핵심 가치는 분기별 혹은 연간 주제의 가장 확실한 자료다. 회사의 개선 노력에 대한 주의를 환기하는 데 핵심 가치를 사용하라. 직물 회사인 밀리켄Milliken은 회사의 여섯 가지 핵심 가치 중 하나를 매 분기 주제로 삼아 모든 직원이 이 주제와 관련된 개선과제에 집중하도록 요청한다. 이와 반대로 리츠칼튼 체인은 세계 각지의 호텔마다 매일 한 가지 '규칙'에 집중하도록 한다. 두 가지 경우 모두 오직 반복을 통해 직원들이 핵심 가치에 집중하도록 하는 리듬을 만든 것이다. 그런 과정의 일환으로 직원들에게 회사가 특정 핵심 가치와 어긋나지 않았는지 감사하도록 요청할 수도 있다. 이 같은 노력은 핵심 가치를 강화하는 것 이상의 역할을 한다. 매우 건전하면서도 꼭 필요한 대화를 유도할 수 있기 때문이다. 또한 핵심 가치가 낡고 무미건조하게 변하거나 현실성을 잃지 않도록 해준다.

## 매일매일의 경영

나는 핵심 가치가 직원들과 관련되고 의미가 깊다면 간부와 CEO 들은 웃음거리가 되지 않으면서 끝없이 핵심 가치를 반복할 수 있다 는 사실을 발견했다. 결정을 내릴 때마다 핵심 가치와 연결하라. 직 원들을 꾸짖을 때나 칭찬할 때도 핵심 가치를 참고하라. 고객들과 문 제가 발생하면 반드시 그 상황을 핵심 가치가 표상하는 이상적인 경 우와 비교하라. 직원들의 불평과 근심도 마찬가지다. 핵심 가치를 거 스르지 않도록 평가하라. 이 같은 활동은 비록 대단하게 들리지는 않 겠지만 핵심 가치를 생생하게 전달한다는 점에서 앞서 언급한 어떤 전략보다 더 큰 역할을 할 수 있을 것이다.

## 많지 않은 규칙을 일관되게 반복하라

핵심 가치를 발견하고 실현하는 과정에서 기억해야 할 부분이 있 다. 이 과정은 두 살배기 어린이에게 무엇이 옳은지 그른지 가르치 는 방법과 다르지 않다는 점이다. 나이가 많건, 어리건, 아니면 그 중 간이건, 사람들은 자신이 어떤 표적을 목표로 삼고 있는지 알 필요가 있다. 그들은 당신과 고객을 기쁘게 하려면 어떤 행동을 할 수 있는 지 이해하기를 원한다. 실수했다는 사실을 상기시켜준다면 고마워할 것이다. 그리고 그들은 규칙이 움직이는 표적이 아니며 선별적으로 적용되지 않는다는 사실을 알고 싶어 한다. 핵심 가치는 이 모든 부분을 해결할 수 있다. 핵심 가치가 무엇인지 그리고 어떻게 잘 활용할지 시간을 갖고 찾아내기만 한다면 말이다.

고속 성장하는 지금의 환경에서 "속도를 천천히 줄이고 핵심 가치까지 생각할 시간이 없어"라는 말이 나올 수도 있다. 그러나 수년간 많은 회사를 지도해온 나는 감히 말할 수 있다. 성장 로켓에 올라탄 회사든 매출이나 영향력에 있어서 대도약을 한 회사든 핵심 가치를 정할 시간을 가져야 한다!

# 핵심 가치 체크리스트

**활동** 이 부분에는 당신이 추구하고자 하는 각 항목에 대한 책임이 있는 사람의 목록을 작성하라. 또 한 페이지 전략 기획으로 가서 핵심 가치 부분을 채워 넣어라.

많지 않은 규칙을 가지고 일관되게 반복하라.

**전설을 만들어라** 회사 이야기를 기억하기 쉽도록 각각의 핵심 가치와 연결 지어라. 스토리텔링은 가르치기 가장 좋은 방법이다. 모여 있는 동안에 실행하라.

**인사 채용과 선발** 핵심 가치를 채용 공고와 선발 과정에 적용하라. 조직적인 인터뷰 과정으로 핵심 가치가 주제 혹은 머리말이 되도록 한다.

**오리엔테이션** 핵심 가치가 오리엔테이션 과정에서도 주요 주제가 되도록 하라.

**평가 과정** 평가 과정에서 핵심 가치가 제목이 되어야 한다. 약간의 창의성을 동원해 모든 성과 평가가 핵심 가치와 연계되도록 한다.

**인정과 보상** 분기별 혹은 연례 행사에서 인정과 보상도 핵심 가치를 벗어나지 말아야 한다. 그리고 이는 핵심 가치가 생생하게 전달될 수 있도록 새로운 이야깃거리를 제공한다.

**내부 뉴스레터** 이슈를 발행할 때마다 모범적인 사람을 내세우며 핵심 가치를 집중 부각하라.

**주제** 특정한 좋은 뉴스거리든, 회사 차원의 분기별 주제든, 회사의 개선 노력을 집중적으로 다루기 위해 핵심 가치를 사용하라. 핵심 가치가 제대로 반영되고 있는지 직원들에게 직접 감사를 맡겨보라. 건전하면서도 꼭 필요한 대화의 시간을 가질 수 있다.

**일상 경영** 웃음거리가 되는 일은 피하면서(물론 충분히 반복하기도 힘들겠지만) 의사 결정과 징계, 칭찬, 고객 문제, 직원 걱정 등을 핵심 가치와 연결 지어라. 이 같은 일상의 활동은 회사 문화를 강화하는 데 있어 어떤 전략보다 더 많은 일을 해낸다.

Mastering
The Rockefeller
Habits

# Part 5

## 조직 관리 마스터하기

# 으뜸 우선순위를 파악하라!

• • •

## | 경영자를 위한 요약 |

'우선순위가 너무 많은 조직은 우선순위가 아예 없는 조직과 같다'라는 옛말은 옳았다. 이번 장에서는 회사를 한 단계 높은 수준으로 발전시키기 위해 갖춰야 할 다섯 가지 중요한 우선순위를 직원들에게 간결하게 전달하는 일이 얼마나 필요한지 강조할 것이다. 또한 모든 직원은 각자의 다섯 가지 우선순위를 가지고, 그 내용이 회사의 우선순위와 잘 어울리도록 하며, 좋은 성과를 낼 수 있도록 뚜렷한 활동을 펼쳐야 한다. 그뿐만 아니라 다섯 개의 우선순위 가운데 다른 것들보다 앞서는 으뜸 우선순위를 정하는 일이 중요하다는 점도 강조할 것이다. 이 장의 마지막에 나오는 가이드라인은 으뜸 우선순위를 정하는 데 도움이 될 것이다.

여러분은 우리 인간이 해야 할 일을 회피하기 위해 도대체 얼마만큼 버틸 수 있는지 아는가? 우리는 큰 프로젝트나 프레젠테이션을 앞두고 갑자기 사무실 대청소를 시작한다. 그리고 거실 벽장을 청소하려다 충동적으로 가족 앨범을 정리하기도 한다. 이것이 인간의 자연스러운 모습이다. 우리는 어렵고 불쾌한 삶의 현실을 피하려고 많은 에너지를 쏟는다. 무엇을 해야 할지 몰라서가 아니다. 알면서도 하지 않기 때문이다. 이번 장에서는 회사가 한 단계 높은 수준으로 발전하기 위해 관심을 기울이고 이뤄야 할 다섯 가지 중요한 우선순위를 경영진이 직원들에게 명확하게 각인시킬 필요가 있다는 점을 강조할 것이다. 그런 다음 직원들이 자신의 다섯 가지 우선순위를 정하고 회사의 우선순위와 어울리도록 함으로써 최고의 성과를 내는 활동을 뚜렷하게 보여줄 수 있어야 한다.

경영 컨설턴트 아이비 리Ivy Lee는 수십 년 전 베들레헴 스틸사 Bethlehem Steel Company를 방문했다. 당시는 베들레헴 스틸이 세계 제일의 독립적인 제철 회사가 되기 전이었다. 리는 CEO 찰스 슈왑 Charles Schwab에게 "우리 서비스를 통해 더 잘 경영하는 방법을 알게 될 것입니다"라고 말했다. 슈왑은 화를 참지 못하고 이렇게 내뱉었다. "우리에게 필요한 것은 더 많이 아는 것이 아니라 더 많이 행동하는 것이오! 만약 당신이 우리를 북돋워 이미 알고 있던 일들을 실제로 하게 만든다면 나는 흔쾌히 당신이 요구하는 만큼 지급하겠소."

리는 제안을 받아들였다. "20분 안에 당신 회사가 최소한 50퍼센트 더 많은 일을 하도록 하는 방법을 보여드리겠습니다." 그는 우선 슈왑에게 다음날 완수해야 할 가장 중요한 여섯 가지 업무를 중요도에 따라 적어보라고 요청했다. 그리고 슈왑에게 말했다. "목록을 주머니에 집어넣은 뒤 내일 꺼내 우선 첫 번째 일부터 시작하세요. 일이 끝날 때까지 15분마다 목록의 해당 부분을 들여다보세요. 그리고 차례차례 다음 순서로 넘어가면 됩니다. 만약 시간이 끝날 때까지 목록에서 두 개나 세 개, 심지어 하나밖에 완수하지 못했다고 하더라도 걱정할 필요는 없습니다. 당신이 가장 중요한 업무를 찾아서 하는 한 나머지 업무는 얼마든지 기다릴 수 있기 때문입니다."

리는 슈왑에게 이 같은 접근 방식을 경영진과 공유하고 그 가치를 따져본 뒤 "당신이 생각하는 가격을 적어 수표를 내게 보내세요"라고 말했다. 2주 뒤 리는 2만 5천 달러(약 3377만 원)가 적힌 수표를 받았다. 그 당시로는 엄청난 액수였다. 동봉한 메모에서 슈왑은 리의 조언이 이제껏 받은 교육 중 가장 수익성 높은 가르침이었다고 밝혔다. 교육의 핵심은 집중의 힘이었다. 다섯 가지 우선순위와 으뜸 순위를 이해하고 이에 따라 행동하는 조직은 발전하고 번창한다.

핵심은 목록을 만드는 일이 아니라 으뜸 우선순위를 정하고 실행하는 것이다. 우리는 목록에 있는 다른 일을 모두 완료하면서도 가장 해야 할 일을 끝내지 못하기도 한다. 나는 또한 전날 밤 우선순위 목록을 작성하더라도 자고 나서 그에 대한 내 관점이 달라지기도 한다는 점을 알게 되었다. 그러므로 목록을 검토하고 필요하다면 우선순위를 다시 정하자. 그리고 그날의 으뜸 우선순위를 진행하면 된다.

## 다섯 개 우선순위와 으뜸 순위 만들기

3장에서 배운 기획 피라미드 작성표는 장기 목표와 조직이 부딪치는 분기별 도전을 일치시키는 과정을 도왔다. 기획 피라미드 작성을 거치고 나면 그보다 짧은 기간의 다섯 가지 우선순위와 으뜸 우선순위를 어렵지 않게 정할 수 있다. 먼저 스스로 질문해보자. 시장이 요구하는 속도에 맞춰 회사가 계획대로 움직이게 하려면 내가 지금 어떤 일을 해야 하는가? 반드시 연간으로 우선순위를 정할 필요는 없으므로 주간, 월간, 분기 등의 타임 프레임에 주목하자. 다시 말하지만 당신의 회사가 매년 20~50퍼센트씩 성장하는 회사라면 한 분기는 1년과 마찬가지다. 100퍼센트 이상 성장하는 회사는 한 달이 1년 같을 것이다.

일단 회사의 다섯 가지 우선순위와 으뜸 우선순위가 만들어지면 경영진도 각자의 다섯 가지 우선순위와 으뜸 우선순위를 정해야 한다. 그 목록을 정기적인 성과 평가의 기초로 삼아라. 말단 직원에 이르기까지 회사 전체를 상대로 이 과정을 계속하라. 이 같은 과정을 조직 깊은 곳까지 진행하고 성과 평가 시스템을 통해 이를 다시 검증하면 단합과 일치라는 마법을 창조하게 될 것이다. 모든 조직원이 일치되면 상사와 직원 모두 당신이 보는 부분을 함께 보고 당신의 열망에 동참할 것이다. 회사의 다섯 가지 우선순위와 으뜸 우선순위를 점검하기 위해 월별 혹은 분기별로 직원 총회를 열면 도움이 된다. 핵심 가치와 함께 이 같은 우선순위도 다음 분기의 의사 결정을 좌우할 '몇 가지 규칙'이 된다(6장 '분기별 주제 마스터하기'에서 분기별 회의와 우선순위를 성공적으로 정하는 구체적인 도구를 다룰 것이다).

그러나 우선순위가 단순히 서류에 적힌 단어 이상의 역할을 하고 달성 가능한 목표가 되려면 그림 5-1의 경영 책임 계획이 필요하다. 이 문서를 사용하면 업무를 완성하는 데 필요한 책임을 안배할 수 있다. 이 부분에서 시간을 낭비하지 마라. 우선순위 다섯 개와 으뜸 우선순위를 정하고 나서 24시간에서 48시간 안에 누가 어떤 책임을 맡을 것이며, 언제까지 결과물을 제출할 것인지 정하라. 우리는 책임과 하위 책임, 필요 자원, 기한과 하위 기한에 대해 말하고 있다. 이런 내용을 모두 경영책임 계획에 기록한다. 이 문서를 신중하게 채우면 우선순위를 완수하거나 진척시키는 데 필요한 구체적인 단계와 중요한 중간 목표가 담긴 향후 13주의 주별 경영계획을 얻을 수 있다. 다시 한번 강조하자면 이 과정을 조직의 말단까지 진행해 모든 사람이 자신의 우선순위를 달성하기 위한 한 페이지짜리 경영 책임 계획MAP을 만들도록 하라.

솔직하게 작성했는가? 꼭 그럴 필요는 없다. 우선순위 다섯 개와 으뜸 우선순위를 정의하고 꾸준히 진행하는 일은 어렵고 매우 고통스러울 수 있다. 만약 그 과정에서 불편을 느끼지 않는다면 당신은 제대로 된 우선순위, 특히 으뜸 우선순위에 초점을 맞추지 못한 것일 수 있다. 이 주제를 좀 더 논의해보자.

# 경영 책임 계획

**경영층 멤버:** _____

**핵심 사항:** _____

**목표:** _____

**이야기:** _____

_____

_____

|  | 활동 | 누가 | 언제 | 필요 자원 |
|---|---|---|---|---|
| **1분기** | | | | |
| | | | | |
| | | | | |
| | | | | |
| **2분기** | | | | |
| | | | | |
| | | | | |
| | | | | |
| **3분기** | | | | |
| | | | | |
| | | | | |
| | | | | |
| **4분기** | | | | |
| | | | | |
| | | | | |
| | | | | |
| **내년** | | | | |
| | | | | |
| | | | | |
| | | | | |
| **익년** | | | | |
| | | | | |
| | | | | |
| | | | | |

그림 5-1

## 으뜸 우선순위 정하기: 고통스러운 과정

으뜸 우선순위를 마주하고 밀어붙이는 일이 얼마나 어려운지를 보여주는 가장 돋보이는 사례는 아마 골프 선수 타이거 우즈일 것이다. 1997년 마스터스 대회에서 승리를 거머쥔 뒤 우즈는 언론과 각종 광고 계약 등을 휩쓸며 골프계의 총아로 떠올랐다. 하지만 그는 경기에서 패배하기 시작했고 '반짝스타'가 아니냐는 비아냥도 들었다. 무슨 이유에서인지 우즈는 1년이 넘도록 어떤 경기에서도 이기지 못했다. 그러나 그 후 타이거 우즈를 막을 자는 없었다. 그는 1999년 8월부터 2004년 9월까지(264주 연속), 2005년 6월부터 2010년 10월까지(281주 연속) 세계 랭킹 1위에 올랐다. 이 기간, 그는 주요 골프 선수권 대회에서 13번 우승했다. 우즈는 전 세계에 그 비결을 밝혔다.

타이거 우즈는 오랜 시간을 고통스럽게 투자해 클럽 스윙 방법을 다시 배웠다. 자신의 으뜸이자 가장 어려운 우선순위인 스윙을 고치지 않으면 골프에서 최고가 될 수 없음을 깨달은 것이다. 처음 한동안 결과는 비참했지만 참고 견뎠다. 그는 자신을 냉철한 눈으로 들여다보면서 무엇이 부족한지 파악할 수 있었다. 우즈는 으뜸 우선순위를 깨달았고 현실과 대면하는 데 필요한 것들을 감행하면서 고통을 참아냈다.

## 기업의 일곱 가지 문제점

이 장의 마지막 부분에서 나는 일곱 가지 공통된 우선순위를 함께 생각해보고 내 고객사들은 어떻게 그 부분을 해결했는지 설명할 것이다. 5장 맨 끝의 으뜸 우선순위 문서에서 일곱 가지를 모두 확인할 수 있을 것이다. 손쉽게 참고하기 위해 복사해두는 방법도 추천한다.

## 경쟁할 수 없을 만큼 작았던 회사

크다는 점은 유리할 때가 많다. 우리 회사의 고객이었던 한 제조사는 공정을 개선하고, 고객 니즈를 맞추고, 위대한 기업 문화를 만들려고 애썼다. 하지만 CEO는 매번 직원들을 도살장에 끌고 가는 심정이었다. 그에게는 10톤짜리 고릴라와도 같은 거대한 경쟁사가 있었다. 그리고 장기적으로 그 고릴라가 경쟁에서 승리할 가능성은 분명했다. 직원들이 아무리 열심히 일해도 경쟁자가 자금이나 인력을 투입하기만 하면 고객사의 노력은 무위로 돌아갈 운명이었다.

고객사의 CEO는 스스로 '10톤 고릴라'가 되기 전에는 문제가 풀리지 않으리라는 사실을 받아들일 수밖에 없었다. 더 큰 회사와의 합병이 필요했던 것이다.

CEO는 어떻게 해야 회사를 매수할 적임자를 찾을 수 있을지 고민했고 결론은 명확했다. 그는 업계에서 가장 먼저 웹 환경을 받아들이기로 했다. 작지 않은 목표를 염두에 둔 CEO는 그 일에만 전념했다. 1년 동안 그는 고도로 맞춤화된 솔루션을 위한 온라인 주문 시스템을 회사에 구축하기 위해 프로그래머와 협력하는 일 이외에는 아무것도 하지 않았다. 나머지 일은 전부 다른 경영진에 맡기고 회사를 운영하도록 했다. 그 결과 그는 업계에서 가장 거래가 활발한 사이트를 구축했고, 찾아다니던 대어를 낚을 수 있었다. 회사를 '100톤짜리 고릴라'에게 성공적으로 매각했기 때문이다. 기존 경쟁자는 오히려 왜소해 보일 정도였다. 고객사 CEO는 으뜸 우선순위를 잘 인식하고 이를 완수하는 데 필요한 일을 했으며 애쓴 만큼 결과도 좋았다.

## 핵심 인재가 없다

고속 성장 기업에서 가장 중심을 못 잡는 이슈는 인사 문제다. 업계에서 오래도록 주도권을 잡고 있던 경쟁사를 마침내 뛰어넘은 뒤 각 영역의 책임을 강화하기 위해 인사에 변화를 주는 대신 군더더기 관료제 조직을 키우는 회사가 얼마나 많은가? 쉽게 목격할 수 있는 이런 사례는 회사를 뒷걸음치게 만든다. 회사에 쓸모없는 직원을 교체하는 일은 지금의 으뜸 우선순위다.

그런 회사의 CEO는 너무 많은 역할이 담당하고 있을지도 모른다. 내 고객이었던 한 회사는 최고재무책임자가 절실히 필요한 상황이었다. 그러나 창업자인 CEO는 검증된 재무 전문가를 고용할 수 있을 만큼 충분한 급여를 제공하지 않으려 했다. 그는 회사에서 지나치게 많은 영역을 얕게 커버하고 있었고 그 결과 실적은 부실했다. 그러나 일단 최고재무책임자가 영입되자 회사는 수개월 만에 성장 궤도에 다시 올랐고 수익성도 좋아졌다.

하지만 내가 지금부터 언급할 부분은 가장 까다로운 내용일 것이다. 바로 CEO 교체의 필요성이기 때문이다. 우리는 회사를 창업할 때 필요한 기술은 회사를 경영하고 키울 때 필요한 기술과 다르다는 사실을 잘 알고 있다. 빌 게이츠마저도 이 같은 결론을 내렸다. 그는 어떤 특정한 시점에서 자신이 가장 잘할 수 있는 비전가나 창업자 역할로 돌아가는 것이 마이크로소프트에 가장 큰 도움이 되리라는 사실을 깨달았다. CEO 사티아 나델라Satya Nadella는 마이크로소프트를 시장 가치 3조 달러(약 4052조 7천억 원)를 돌파한 두 번째 기업으로 확장하는 데 성공했다.

## 고장 난 경제 엔진

어쩌면 당신은 바보 같은 산업에 종사하고 있는지 모른다. 당신이 회사를 세울 당시의 경제 모델은 이제 무의미해졌을 수도 있다. 회사가 돈을 벌지 못하고 외형으로도 더 크기 힘든 상황을 벤처 자본가들은 '죽은 회사'라고 부른다. 살아남기에는 충분하지만 절대로 위대한 일을 하지는 못할 것이라는 의미에서다. 벗어날 시간이 된 것이다.

너무 빨리 읽지 마라! 비록 '우리 회사는 죽은 회사가 아니야'라는 생각이 들더라도 멈춰서 한번 생각해보자. 회사의 어느 부서든, 제품이든, 이 정의를 충족시키는 부분이 있는가? 다시 말하지만 조언은 간단하다. 벗어나라. 힘든 결정을 내려라.

## 다른 누군가가 우리의 운명을 지배한다

불행히도 이런 일이 생긴다. 누군가가 당신 사업의 핵심 부분을 지배하고 있을 수 있다. 회사가 문을 닫는 게 아니라면 이는 확실히 회사의 위기다. 야후가 구글에 '검색'이라는 단어에 대한 소비자 인지도를 잃었을 때 게임은 끝났다. 비슷한 일은 1980년대 중반 할인 항공사 피플 익스프레스People Express의 도널드 버Donald Burr에게도 일어났다. 아메리칸 항공이 여행에 관한 종합 서비스를 제공하는 전산예약시스템인 세이버 예약 시스템을 개발했을 때 피플 익스프레스는 이를 따라갈 수가 없었다. 결국 피플 익스프레스는 4개월 후 사업을 접어야 했다. 교훈은 명확하다. 경쟁자가 시장의 핵심 관계, 특허, 공급망을 장악하고 있다면 그에 마땅한 대항 행동을 취하는 것이 좋다. 그렇지 않으면 큰 곤경을 겪을 것이다. 브랜드 약속과 업계의 초크 포인트 통제하기를 다루는 7장에서 이 문제를 더 자세히 설명할 것이다.

## 경쟁하려면 자금이 필요하다

소위 페덱스 딜레마라는 게 있다. 어떤 업계에서는 진입 장벽을 빠르고 거대하게 만들지 못하면 경쟁 자체가 힘들어진다는 뜻이다. 난 이 문제를 아주 잘 이해하고 있는 통신 벤처 기업 CEO를 안다. 빨리 규모를 키우지 않으면 생존하기 어렵다는 사실을 간파한 이 CEO는 몇 달간 눈만 뜨면 자금을 조달하는 일에 주력했다. 그는 2억 1천만 달러(약 2835억 6300만 원)를 조달해 경쟁할 수 있는 자금을 충분히 마련할 수 있었다. 주식을 공모해 자금을 조달하는 것도 종종 이런 이유에서다.

## 성장해야 돈을 번다

반대로 자금을 모으는 것과 관련해 기억해둘 얘기가 있다. 경영 동학 마스터 과정 기업 중 한 회사의 으뜸 우선순위는 1천만 달러(약 135억 500만 원)의 자금을 끌어들이는 것이었다. 경영진은 그 목표에 매진했고 나쁘지 않은 선택이었다. 그러나 경영진이 일상적인 기업 운영의 고삐를 늦춘 게 문제였다. 결과적으로 판매가 두 분기 연속으로 제자리걸음을 했다. 회사 가치는 매우 하락했으며 잠재적인 투자자는 회사를 외면했다.

CEO는 자금 모집을 포기하고 판매 증진에 집중하겠다는 어려운 결정을 내렸다. 그 자신과 자금 모집의 최전선을 담당했던 최고재무

책임자를 포함한 모든 직원이 세일즈맨이 되었다. 3개월간 진척도를 파악할 수 있는 상황실을 만들어놓고 이곳에서 일일 및 주간 임원 회의를 열었다. 그리고 90일이 지난 뒤 판매는 40퍼센트 증가했다. 그런 성과를 바탕으로 CEO와 최고재무책임자는 훨씬 더 좋은 조건으로 외부에서 자금 모집을 재개할 수 있었다.

## 규모를 줄이지 않으면 살아남지 못한다

경영 동학 마스터 과정에서 목격한 또 하나의 실화다. 어느 주택담보 대출회사 CEO는 시장을 키우고, 모기지 상품과 지점을 늘리며 인력을 증원하는 등 급속한 사세 확장을 몇 년간 으뜸 우선순위로 생각했다. 그러던 어느 날 구조적인 변화가 겹치는 바람에 모기지 업계의 큰 회사가 무너졌다. CEO는 즉시 300명의 직원 가운데 240명을 감원하기로 하는 비통한 결정을 내렸고 그 덕분에 이 회사는 지금까지 살아남을 수 있었다. 한동안 그는 실패자인 것처럼 보였다. 하지만 적극적인 비용 감축 덕분에 이 회사는 얼마 지나지 않아 손익분기점에 복귀할 수 있었고 업계가 다시 살아날 때까지 오랫동안 회사를 유지할 수 있었다. CEO들은 필요한 감축을 하려고 하지 않는 경우가 종종 있지만 그 결과는 천천히 찾아오는 고통스러운 죽음뿐이다.

이 모든 예에서 증명하는 사실은 타이거 우즈의 사례와 마찬가지로 으뜸 우선순위를 추구하는 일이 다른 무엇보다도 불쾌하고 좌절감을 주며 실망스러울 수 있다는 점이다. 결코 쉬운 일이 아니므로 혼자 감당하지 말라고 조언하고 싶다. 타이거 우즈는 코치인 부치 하먼Butch Harmon의 현명한 조언과 지원이 필요했다. 당신도 강력한 이사회 위원이나 멘토의 지혜와 지지가 필요하다. 그러면 종업원과 투자자는 당신의 용기 있는 통솔력에 찬사를 보낼 것이다.

---

### 으뜸 우선순위

**으뜸 우선순위는 무엇인가?**

1. 경쟁하기에 너무 작았던 회사 – 더 큰 회사와 합병
2. 핵심 인재가 없는 회사 – 핵심 인재가 없는 한 다른 노력은 헛될 것이다.
3. 고장 난 경제 엔진 – 주어진 방식으로 사업하는 한 돈을 벌 방법은 없다.
4. 누군가 우리의 운명을 통제하고 있다. – 경쟁자에게 사업의 핵심 부분에 대한 통제력을 빼앗김
5. 경쟁력 있는 규모로 성장하려면 2억 달러(약 2701억 4천만 원)의 자금이 필요하다.
6. 성장 궤도에 진입하지 않으면 자금을 끌어들일 수 없다.
7. 손익분기점에 도달하기 위해 회사 규모를 조속히 줄여야 하며 다른 기회를 기다려야 한다.

---

성장하는 기업의 가치를
상승시키기 위해 반드시 해야 할 것

Mastering
The Rockefeller
Habits

# Part 6

분기별 주제 마스터하기

# 축하할 이유를 만들어라!

• • •

| 경영자를 위한 요약 |

회사의 목표나 우선순위가 쉽게 잊히거나 무시된다면 조직을 성공적으로 이끌 수
없다. 일단 다음 분기나 연도에 조직의 성취를 위해 무엇이 중요한지 정했다면 동료
들이 기꺼이 헌신하고자 하는 정서적인 연대감을 가질 수 있도록 무언가 해야만 한
다. 이번 장은 다양한 실제 사례를 통해 회사의 캠페인에 생기를 불어넣는 데 필요한
주제와 이미지를 만드는 데 도움이 될 것이다. 또 어떻게 성취 여부를 관리하고 성공
사례를 축하할 것인지도 알게 될 것이다. 끝으로 당신이 이끌고 영감을 불어넣어야
할 직원들의 다양성을 다독거릴 수 있도록 주제 관련 이벤트를 기획하는 데 도움이
되는 두 가지 도구를 소개할 것이다.

문서로만 존재하는 계획과 그 자체로 살아 숨 쉬는 계획은 무엇으
로 구분할 수 있을까? 해답은 아이디어고 이미지다. 간단히 말해 체
계적인 주제라고 할 수 있다. 살아 숨 쉬는 계획은 단순한 경영진의
목표에 불과했던 내용을 회사 전체를 아우르는 임무로 변환하는 것
이다. 이번 장은 회사 캠페인에 생기를 불어넣는 데 필요한 주제와
이미지를 만드는 과정을 도울 것이다. 또 어떻게 성취 여부를 관리하
고 성공 사례를 축하할지 배울 것이다.

훌륭한 지도자들은 늘 주제의 힘을 인지하고 있었다. 미국의 독립
전쟁은 '대표가 없다면 세금도 없다'라는 주제를 중심으로 조직되었
고 보스턴 티 파티Boston Tea Party(1773년 영국 식민지 시절 무리한 세금

징수에 분노한 보스턴 시민들이 영국 정부가 과세한 홍차를 거부하면서 보스턴 항구에 수입되려던 홍차를 모두 바다에 던져버린 사건으로 미국 독립전쟁의 도화선이 됨-옮긴이)는 단순한 사건이 아니라 영원한 상징이 되었다. 마틴 루서 킹 목사는 '나는 꿈이 있다 I Have a Dream'라는 유명한 연설을 통해 좀 더 정의로운 사회로 나아가겠다는 목표를 세웠다. 이들과 같은 비전 있는 인물들이 직관적으로 이해하고 있었던, 청중에게 메시지를 각인시키기 위해서는 아이디어나 이미지가 필요하다는 사실을 기업 경영인들도 배워야 한다. 리더를 위해 조직원들이 목표를 향해 돌진하도록 하려면 머리뿐만 아니라 가슴으로 연결되는 개념을 전해야 한다.

직원들의 감정 및 욕구와 연결되어야 할 필요성은 이미 입증되었으며 널리 받아들여지고 있다. 《리더십 챌린지》(이담북스, 2018)의 저자 짐 쿠제스Jim Kouzes와 베리 포스너Barry Posner는 CEO들이 조직의 결집력을 도모하기 위해서는 '가슴을 북돋울' 필요가 있다고 강력하게 주장한다. 나는 실제로 그런 사례를 목격했다. 나는 델 컴퓨터의 마이클 델이 컴팩Compaq의 도전에 대항하기 위해 직원들의 마음을 하나로 모으는 모습을 지켜봤다. 그는 컴팩에 구두로 전쟁을 선언하는 것에 그치지 않고 사무실 전체를 전장으로 만들었다. 그는 군복을 입고 본부 곳곳에 위장망을 설치했으며 영업 및 생산팀에게 마치 복귀 불가 임무를 위해 브리핑하듯이 말했다. 그 방식이 차이를 가져

왔을까? 어떻게 차이가 나지 않을 수 있었겠는가?

그와 비슷한 시기에 신생 기업인 아메리카 온라인America Online은 거대 기업 마이크로소프트의 공격을 받았다. 당시 회장이었던 테드 레온시스Ted Leonsis는 직원을 모아놓고 마이크로소프트라고 이름 붙인 거대한 (모형)공룡을 공개했다. 그 후 몇 주 동안 그 공룡은 본사에서 승리의 트로피처럼 마이크로소프트에 타격을 가한 사무실이나 사업부를 이리저리 옮겨 다녀야 했다.

또 하나의 생생한 예가 있다. 캘리포니아주 얼바인에 있는 플래티넘 캐피탈Platinum Capital의 CEO 마크 모지스Mark Moses는 회사 회의에 코끼리를 타고 등장한 적이 있다. (스쿠터 스토어의 CEO 더그 해리슨이 내가 1장에서 언급했던 코끼리를 타고 회의에 등장한다는 아이디어를 어디서 얻었다고 생각하는가?) 왜 그랬을까? 당시 확장 캠페인을 시작한 그는 직원들이 '크게 생각하기'를 원했다. 오늘날까지도 이 코끼리 이미지는 회사에 각인되어 있다. 위험을 감수하면서 도약하고 전진하는 상징물로 남은 것이다.

## 우선순위와 단기 지표를 활용해 주제 이끌어가기

좋은 주제는 난데없이 허공에서 떨어지지 않는다. 가장 강력한 주제는 조직이 집중하기를 원하는 정량적인 목표다. (매년 15퍼센트 미만 성장하는 회사의 경우 연 단위 수치, 성장률이 이를 웃도는 회사는 분기별 수치를 만드는 게 좋다. 앞에서 배운 한 페이지 전략 기획 만들기를 참조하라. 계획을 손에 쥐고 으뜸 우선순위를 단기 지표에 맞춰라.) 그런 다음 단기 지표에 어울리는 주제에 대해 브레인스토밍하라. 숫자를 기억하게 만드는 것을 주제로 삼아야 한다.

이를 특별히 웅장하게 만들 필요는 없다. 한 대기업 CEO는 그의 세 가지 주요 우선순위를 단기 지표로 만들어 손목시계에 새긴 다음 경영진들에게 나눠줬다. 시계를 들여다볼 때마다 경영진들은 목표를 상기하게 됐다. 간단하지만 효과적인 방법이었다. 이와 유사하게 필립스 그룹은 전사 회의를 하차장에 주차된 트럭 뒤에서 하기로 결정했다. 그 분기의 주제는 일상적인 조직 운영 잘하기였다. 따라서 그동안 홀대받던 분야에서 회의를 여는 것이야말로 일상 업무에서 그다지 찬양받지 못했던 회사 영웅들을 강조하기에 더할 나위 없이 좋은 방법이었던 것이다.

하지만 만약 당신이 세실 B. 드밀Cecil B. DeMille(미국 영화 감독, 할리우드에서 제작비가 많이 드는 대작 영화로 성공을 거두었다. 산업으로서의 영화를 잘 이해했다고 평가받는 인물-옮긴이)의 작품과 맞먹는 생산 가치가 있는 주제를 생각해냈다면 한번 도전해보라! 영화 〈아폴로 13호〉의 유명한 대사 '실패는 있을 수 없는 일이다Failure is not an option'는 많은 기업과 조직의 주제로 사용되었다. 시너지 네트웍스Synergy Networks의 CEO 마크 고든Mark Gordon은 분기 수익성을 높이길 원했고 수익성이 높아지는 과정을 3단계로 보았다. 무엇이 3단계로 되어 있을까? 물론 로켓이다. 그래서 고든은 빌려온 우주복을 입고 수익성 목표를 3단계 로켓으로 형상화한 차트를 옆에 끼고 다녔다. 그는 직원들에게 회사를 위대하게 만들자고 역설하고 다니면서 우주선 장난감을 나눠주었다.

핵심 가치는 분기별 주제의 유용한 원천이 될 수 있다. 분기마다 하나를 잡아서 경영의 한 측면에 집중하고 이를 개선하는 데 사용하라. 조직 문화를 체크하고 핵심 가치를 강화할 수 있는 탁월한 방법이다. 그리고 가치에 있어서 그 분기 주제가 무엇이든지 간에 분기 회의에서 주제와 관련된 조직의 핵심 가치를 검토하는 것이 좋다. 게다가 만약 직원과 팀의 실적을 포상하려 한다면 시상을 위한 카테고리로 핵심 가치만큼 좋은 것은 없을 것이다.

어떤 방식으로든 주제를 개발하고 발표하기로 선택했다면 전 직원을 염두에 두어야 한다. 하버드대 심리학자인 하워드 가드너How-ard Gardner의 연구 덕분에 우리는 이제 적어도 일곱 가지 다른 형태의 지능(언어, 시각/공간, 신체/운동, 음악/리듬, 인간 친화, 자기성찰)이 있으며 각각에 가장 어울리는 학습 방법은 따로 존재한다는 사실을 알고 있다. 이 장의 끝부분 '다중지능'에서 일곱 가지 지능의 특징을 자세히 설명할 것이다. 주제와 관련된 이벤트를 계획하고 있다면 가능한 많은 종류의 지능을 자극하려고 노력하라. 말이나 그림뿐만 아니라 소리, 냄새, 감정뿐만 아니라 추론, 상상, 연관 등을 할 수 있는 기회를 포함해라.

## 진행률 체크와 기록 관리

주제를 단순한 이벤트가 아니라 임무로 만드는 요소는 무엇인가? 효과적인 실천이다. 그리고 효과적인 실천은 공개적인 진행률 체크와 기록 관리를 통해 달성할 수 있다.

시너지 네트웍스에서 마크 고든의 3단계 로켓은 매번 수익성 목표 중 한 가지가 달성될 때마다 한 단계씩 사라졌다. 목표와 주제를 상기시키는 비주얼인 셈이다. 로켓에서 단계가 하나 떨어져 나갈 때마다 직원들에게 보상이 있었기 때문에 직원들의 주의를 흐트러뜨리지도 않았다.

트럭 리스 회사인 샙 브로스 리싱Sapp Bros. Leasing은 성 패트릭 데이St. Patrick's Day까지 100건의 신규 리스 계약을 체결한다는 목표를 세웠다. 진척 상황 체크를 위해 이 회사가 사용한 방법은 100개의 토끼풀이 그려진 대형 포스터였다. 새 계약이 체결될 때마다 토끼풀에 숫자가 매겨졌다. 마찬가지로 목표를 달성했을 때는 포상 차원에서 지원금이 제공되었다.

하지만 진행률이 실제로 수치로 정량화될 필요는 없다. 공룡이 아메리카 온라인의 새 부서에서 자리를 차지할 때마다 직원들은 아메리카 온라인이 마이크로소프트와의 전투에서 진출했다는 사실을 알수 있었다. 이는 그들 나름의 기록 관리다. 모든 경우에서 주제를 위한 상징물이나 득점 게시판은 매우 눈에 잘 띄어야 한다. 가로 약 25센티미터 세로 28센티미터 차트가 아니어도 좋다. 크고, 눈에 잘 띄게, 기억하기 쉽게 만들어라.

진행률 체크와 기록 관리를 계획할 때는 보통 분기나 연례 목표 달성에 개입하지 않는 사람들을 포함하고 활용할 수 있는 이상적인 기회임을 명심해야 한다. 샙 브로스 리싱의 경우 토끼풀 차트는 예술적인 성향이 있는 본사 여성 근무자가 아름답게 디자인하고 실행한 결과였다. 그녀의 노력 덕분에 모든 이들의 경험이 향상되었다. 당신의 조직에도 그만큼 혹은 그 이상 할 수 있는 인재가 있다. 그들은 부름을 기다리고 있을 뿐이다.

## 보상과 기념 행사

보상은 나쁜 의미를 담은 말로 취급되기도 한다. 만약 보상이 개입되면 돈을 주고 직원들의 참여를 사는 것과 다를 바 없다는 의미로 간주되는 것이다. 하지만 나는 그렇게 생각하지 않는다. 나는 사람들이 스스로 어디로 향하고 있는지 알 필요가 있고, 언제 도착할지 알고 싶어 한다고 생각한다. 이는 수업의 마지막 날과 비슷하다. 등교 마지막 날의 마지막 수업에서 마지막 시험을 치르고 나면 얼마나 기분이 좋은지 기억하는가? 누군가가 집에 가지고 갈 선물을 챙겨주었다면 기분 좋은 일이다. 그러나 정말 짜릿한 부분은 종착점에 다다랐고 무언가를 마쳤다는 사실이다. 직장 일도 마찬가지다. 어렵게 얻은 보너스나 상을 거절하는 사람은 없겠지만 그것은 금상첨화일 뿐이다. 진정한 보상은 목표를 달성하고 이를 함께 성취함으로써 얻을 수 있는 축하 의식이다.

앨라배마에 있는 매키니 목재회사는 현상 유지가 목표였다. 첫 번째 수준에 도달하면 경영진은 야외 핫도그 파티를 열었다. 다음 수준에 도달하면 바비큐 치킨 파티를 개최했다. 최고이자 마지막 단계까지 오르면 경영진이 직접 스테이크를 구워 잔치를 열었다. 무료 스테이크 만찬은 물론 좋지만 직원들의 참여를 유도하기에 충분했을까? 아마 그렇지 않았을 것이다. 만찬은 모두의 목표 달성을 축하하기 위해, 그리고 분기 캠페인을 마감하기 위해 제공된 것이다.

디트로이트에 있는 고먼스 비즈니스 인테리어Gorman's Business Interiors의 전 CEO 존 앤더슨John Anderson은 보드게임인 모노폴리와 비슷한 '고머노폴리Gormanopoly'를 고안해냈다. 이는 앤더슨의 말에 따르면 '당신에게 인센티브를 줄 수 있는 어떤 것이든' 포인트화한 것이다. 수익성 목표, 채권 회수율 개선, 고객 만족, 건강과 신체 단련, 지역 봉사활동 등 무엇이든 포인트로 만들 수 있었다. 점수 게시판에는 각 팀을 상징하는 세 개의 배를 표시해 게시판 끝의 종착점을 향해 경쟁하게 했다. 보상 혹은 기념 행사는 목표 달성 팀에게 카리브해 크루즈 여행을 제공하는 것이었다.

첫해에 세 팀 모두 목표를 달성했으며 회사는 기꺼이 1인 동반 비용을 포함해 직원 한 사람당 3만 2천만 달러(약 4322만 원)짜리 크루즈 여행 비용을 부담했다. 앤더슨은 "대단한 성공이었다"라고 회상했다. "회사를 위해 좋았을 뿐만 아니라 큰 홍보 비용을 들이지 않고도 괜찮은 홍보 효과를 거둘 수 있었고, 고객의 관심을 끌 수 있었으며, 우리 기업 문화를 알릴 수 있었다. 그리고 신입 사원을 선발할 때도 도움이 됐다."

광고 및 홍보회사인 RMR 앤 어소시어츠RMR and Associates는 지난해 연례 경영 목표에 대한 시상으로 전 직원이 자메이카의 몬테고 베이로 여행을 갔다. CEO 로빈 삭스Robyn Sachs는 "여행을 떠난 것은 특정한 수입 목표인 조정 총소득AGI, Adjusted Gross Income 270만 달러(약 36억 4743만 원)를 달성했기 때문이다. 우리는 목표치를 날려버렸다. 290만 달러(약 39억 1761만 원)를 달성해서 50여 명이 자메이카에 갈 수 있었다. 엄청난 결과였다."라며 "목표는 직원들을 올바른 일에 집중하게 만들면서도 게임처럼 흥미로웠고 그 덕분에 회사 전체가 하나가 될 수 있었다"라고 말했다.

그 후 삭스의 회사는 '스토코폴리Stockopoly', 즉 주가 상승률 게임을 진행했다. 보상 혹은 목표는 '현찰'이었다. 게임은 잘 되었지만 그녀는 약간 실망했다며 이렇게 표현했다. "현금보다는 자메이카 여행이 직원들의 감정에 더 많이 호소했다. 여행이 사람들을 더욱 들뜨게 만든다는 사실을 알게 되었다."

이런 예들이 주는 교훈은 쿠제스와 포스너의 책《리더십 챌린지》를 다시 떠올리게 한다. 분기 주제를 성공적으로 개발하는 비결은 좋은 아이디어를 만들거나 잘 전달하는 것, 또는 효과적인 진행 상황 관리나 축하 행사만으로는 부족하다. 중요한 점은 가슴을 두드리는 것이다. 직원들의 가슴을 뜨겁게 달굴 수 있어야만 놀라운 성공을 경험할 수 있다. 이 장의 마지막 부분에서는 분기 주제를 구성할 때 사용 가능한 문서를 소개한다.

## 하워드 가드너의 다중지능

| 지능 | 활동 | 자료 | 전략 | 프레젠테이션 기술 |
|---|---|---|---|---|
| **말/언어** | 연설, 토론, 단어 게임, 스토리텔링, 함께 소리 내 읽기, 기사 쓰기 등 | 책, 녹음기, 테이프, 타자기, 스탬프, 오디오북 등 | 그것을 읽고, 쓰고, 얘기하고, 들어라 | 스토리텔링을 통한 교육 |
| **논리적/수학적** | 어려운 질문하기, 문제 풀기, 과학 실험, 암산, 숫자 게임, 비판적 사고 등 | 계산기, 수학 계산, 과학 설비, 수학 게임 등 | 양을 재고, 비판적으로 사고하고, 개념화하라 | 소크라테스식 질문 |

| 시각적/공간적 | 시각적 프레젠테이션, 미술 활동, 상상 게임, 마음 지도 그리기, 은유, 비주얼화 등 | 그래프, 지도, 비디오, 미술 교재, 착시, 카메라, 사진 도서관 등 | 보고, 그리고, 시각화하고, 색을 입히고, 마음 지도를 그려라 | 그리기/마음 지도 그리기 개념 |
|---|---|---|---|---|
| 신체/운동 | 실제 학습, 연극, 춤, 스포츠, 촉감 활동, 이완 운동 등 | 만드는 도구, 진흙, 스포츠 기구, 촉감 학습 자료 등 | 만들고, 끝까지 해 보고, 만져보고, 본능적인 감정을 느끼고, 춤추라 | 제스처/드라마틱한 표현 사용하기 |
| 음악/리듬 | 슈퍼 러닝, 랩, 노래 | 녹음기, 테이프 컬렉션, 악기 | 노래하고, 랩하고, 들어라 | 목소리를 리듬감 있게 사용하기 |
| 인간 친화 | 협동 학습, 동료 가르치기, 봉사활동 참여, 친목 활동, 시뮬레이션 등 | 보드게임, 파티, 역할 게임 지지자 등 | 가르치고, 함께 협력하고 존경심을 갖고, 상호 활동하라 | 참여자와의 역동적인 상호활동 |
| 자기성찰 | 개인 교수, 독립적인 연구, 코스 연구 선택, 자존감 형성 등 | 자기 검증 자료, 신문, 프로젝트 자료 등 | 개인 생활에 이를 연결하고 그와 관련된 선택을 하라 | 감정을 갖고 프레젠테이션을 해라 |

**분기별 주제 회의**

누가 책임을 맡는가?

언제 회의하는가?

회의 주제는?

회의에서 다중지능 활동 목록 중 어떤 항목을 이용할 것인가?

말/언어

논리적/수학적

시각적/공간적

신체/운동

음악/리듬

인간 친화

자기성찰

성장하는 기업의 가치를
상승시키기 위해 반드시 해야 할 것

Mastering
The Rockefeller
Habits

# Part 7

고객과 직원 피드백
마스터하기

# 조직 내부의 문제를 해결하라!

● ● ●

| 경영자를 위한 요약 |

고객과 직원의 의견충돌이 반복되면 고객 및 매출 손실로 인해 회사가 손해를 입을 뿐만 아니라 직원들의 시간을 40퍼센트나 갉아먹는다. 따라서 고객과 직원 피드백 시스템을 만들어 조직 내부에서 혹은 고객과의 관계에서 어떤 (기회로 위장한) 문제들이 발생하고 반복되고 있는지 파악해야 한다. 이 장의 끝부분에서는 확인된 문제를 해결하기 위해 직원들이 사용할 수 있는 여섯 가지 절차가 제공된다. 또 이 피드백의 중요한 부분은 회사 미래의 측면에서 현실감을 제공하는 객관적인 일일 및 주간 수치다. 또한 이러한 장기 지표와 단기 지표가 무엇이어야 하는지에 대한 가이드라인도 제공된다.

왜 사람들은 자기 일을 싫어할까? 무엇이 사람들을 죽은 나무처럼 비생산적이고 불평만 넘쳐나는 상태로 만드는 걸까? 원인은 반복되는 문제와 갈등에 있다. 다시 말해 반복해서 일어나며 절대 고쳐지지 않는 실수들에 있다. 반복되는 문제와 갈등은 월급과 같은 인센티브보다 고객과의 관계에서 더 해로운 영향을 미친다.

내 말을 오해하지 않길 바란다. 물론 인간은 도전을 좋아한다. 문제가 하나둘 쌓이면 우리는 이를 해결하기 위해 애쓴다. 문제 해결을 위한 고군분투는 유쾌한 과정이며 긍정적이기도 하다. 고객과의 문제를 해결하는 과정은 경영의 핵심이고 회사에 대한 고객의 충성도를 높일 수 있으며 새로운 기회로 연결되기도 한다. 그러나 반복되는 문제는 전적으로 다른 얘기다. 문제의 반복은 바위 위에 계속 떨어지는 물처럼 조직을 조금씩 파괴하고 직원과 고객들에게 좌절감을 안긴다.

믿기 힘들겠지만 반복되는 문제는 평균적으로 직원들의 시간을 40퍼센트 이상 갉아먹는다. 왜일까? 이유는 그 문제가 한 개인의 문제를 넘어서기 때문이다. 자그마한 결함을 발견한 사람은 이를 한 사람이 아니라 여러 사람에게 말해야 하고, 아마도 한 차례 이상 반복해야 한다. 문제를 고치다 보면, 반창고를 붙이는 정도의 간단한 응급조치만으로도 업무 진행 상황이 어긋난다.

비용과 시간을 줄이고 조직 내부의 근무 환경을 전반적으로 개선하기 위해서는 무엇이 고객과 직원을 괴롭히고 있는지 체계적으로 데이터를 취합하고 대처해야 한다. 그리고 직원들이 고객과 가장 가까운 경우가 많으므로 직원들의 문제는 보통 고객 문제와도 연결돼 있다. 이를 염두에 두면 고객 서비스를 한 차원 더 높일 수 있는 혜안을 얻을 수 있다. 문제는 또 다른 기회가 될 수 있다.

거의 20여 년 전 델 컴퓨터(당시는 PCs Limited가 회사 이름이었다)가 신생 기업일 때, CEO 마이클 델은 직원들에게 주간 리스트를 작성하도록 했다. 한 주 동안 갑자기 머리에 떠오르거나 고객이 제기한 문제, 불만, 걱정, 이슈, 아이디어나 제안 등을 모두 써내도록 한 것이다. 목요일 오후 리스트가 전부 모이면 델은 이를 집에 가지고 가서 연구했다. 직원과 고객의 불만과 제안에서 몇 주 혹은 몇 달 후 드러날 수 있는 패턴이나 동향을 찾기 위해서였다. 금요일 아침, 그는 직원들을 모두 불러 모아 '공포의 시간'으로 불리게 된 회의를 열었다. 둘러앉은 직원들은 문제 전부는 아니더라도 그중 일부에 대한 해결방안을 놓고 브레인스토밍하는 시간을 가졌다.

마이클 델은 복리 개념을 이해하고 있었던 덕분에 문제에 선택적으로 접근하는 현명한 방식을 택했다. 그는 요령 있는 고객들이 하는 방식대로 만약 문제의 단 1퍼센트라도 해결하거나, 제품이나 서비스를 매주 1퍼센트씩 개선하면 이를 통해 매년 더 큰 수익을 올릴 수 있으리라는 사실을 알았다. 이와 반대로 너무 많은 문제를 해결하려 들면 문제 해결 시스템 자체가 문젯거리로 전략할 것이다! 이는 생산성을 높이는 중요한 도구가 아니라 직원들의 시간을 좀먹는 또 다른 분란을 만드는 결과를 초래한다.

## 데이터 모으기 – 북돋우고, 반응을 보여라

우선 고객과 직원들에게 세 가지 질문을 던져보라. 무엇을 시작해야 하는가? 무엇을 그만둬야 하는가, 무슨 일을 계속해야 하는가? 직원들이 이 질문에 대해 자신의 관점에서, 그리고 고객의 관점에서 생각할 시간을 갖도록 하자. 이 같은 초기 조사는 직원들이 마음의 짐을 덜고 가슴을 터놓게 만든다. 특히 이전에 그런 기회가 없었다면 더욱더 그렇다. 설문 데이터를 분석하고, 회의를 소집해 해결 방안에 대해 브레인스토밍하는 시간을 가져라. 하기 싫은 잡일로 만들지 말고, 재미있는 시간으로 만들어라. 그런 다음 회사 사보(분명 회사에 사보가 있을 것이다)에 까다롭고 오래된 문제가 어떻게 개선되는지 소개하라. 이를 통해 수동 또는 전자 로깅(시스템의 작동 정보인 로그log를 기록하는 행위-옮긴이) 프로세스를 사용해 이러한 피드백을 수집하는 더 체계적인 진행 프로세스를 도입할 수 있다. 이 진행 과정은 직원들과 담당 고객들이 겪고 있는 반복되는 문제들을 기록하도록 장려하고 요구한다. 불필요한 일에 1분 이상 시간을 쓴 적이 있다면 그 사례를 모두 듣고 싶다고 직원들에게 얘기하라. 고객이 요청한 내용 중 제공할 수 없는 것은 무엇인가? 회사와의 일 처리 과정에서 고객들이 문제 삼은 부분은 어디인가? 펌프질하기 전에 마중물을 붓듯이 이런 습관이 정착될 때까지 매주 시상을 하거나 제출된 문제에 대해 추첨 티켓을 주는 등의 방법으로 직원들의 참여를 유도할 수도 있다. 확실하게 말하건대 이것은 상부에서 일방적으로 내리는 지시가 아니다. 경영진 차원에서도 공유할 수 있도록 리스트를 만들어라. 당신의 업무를 혼란스럽게 만드는 상위 10개의 골칫거리는 무엇인가?

여기서 핵심은 가공되거나 편집되지 않은 데이터를 얻는 일이다. 설령 문제가 발생했다가 해결됐다고 하더라도 기록되어야 패턴과 동향을 관찰할 수 있기 때문이다. 뛰어난 품질 서비스 덕분에 두 차례나 말콤 볼리지상Malcolm Baldrige awards을 수상한 리츠칼튼 호텔에서 직원들은 매일 고객과 관련된 모든 사건이나 직원들이 느낀 문제점과 우려되는 점을 적어 총지배인에게 제출해야 한다. 이런 데이터는 시간을 줄이고 근무 환경을 향상하며 고객 기쁨을 배가시키는 등 개선을 위한 기회를 포착하는 데 도움이 된다.

## 피드백 다루기

문제 해결 시스템을 활기차게 만드는 비결은 반응을 보이는 것이다. 직원들이 자신의 피드백이 블랙홀로 빨려 들어가 버렸다고 여기게 되면 더 이상 피드백을 기대하기 힘들어진다. 우선 몇 가지 조속한 해결책을 찾아라. 여자 화장실에 더 큰 휴지통이 필요하다고 하면 즉시 새 휴지통을 하나 비치하라. 더 크고 곤란한 문제가 있으면(주로 IT나 청구서 작성 등과 관련이 많다) 그 가운데 한두 개 문제에 대해 팀을 꾸려서 정기적으로 업데이트하도록 일정을 짜라.

얼마나 많은 문제점이 보고될지 예측할 도리는 없다. 많이 받을 수도, 적게 받을 수도 있다. 직원들이 피드백하기를 꺼린다고 그들에게 창피를 주지 말아라. 그 대신 당신이 받은 몇 안 되는 불만 사항에 더 신경을 써서 반응을 보여라. 분명 다음번에는 더 많은 직원이 참여할 것이다. 반대로 너무 많이 접수돼 넘칠 지경에 이르더라도 일부를 생략하거나 결합하거나 요약하고 싶은 유혹에 빠지지 말라. 내가

10년 전 고객과 처음 이 작업을 했을 때 경험했던 것처럼 처음 리스트에 1,784개의 건수가 접수되더라도 거기서 가공되지 않은 날것의 데이터를 뽑아내라. 사람들은 자신의 의견이 받아들여지는지 확인하기 위해 지켜보고 있다. 다시 말하지만 데이터를 요약하지 말고 가공되지 않은 상태로 팀원들에게 전달하라. 단, 피드백에 인신공격이 포함됐을 경우는 예외다. 이럴 때는 비공개로 처리해야 한다.

어떤 회사들은 넘치는 불만 사항 리스트를 홈페이지에 올리거나 전체 직원에게 이메일을 보내는 방식으로 처리한다. 보스턴에 있는 매스웍스Mathworks라는 회사는 직원들이 고민거리를 기록하고 토론할 수 있도록 인터넷에 공간을 만들었다. 나는 일부 회사들이 대화상자에 체크하는 방식으로 직원들의 불만을 특정 범주로 묶으려 하는 모습을 보았다. 그러나 명심해야 한다. 직원들은 자신들의 의견이 요약되고 있다고 느껴서는 안 된다.

### 진척 사항 보고

사람들은 변화가 일어나는 모습을 확인하고 싶어 한다. 몇 년 전 콜롬비아대학 경영대학원 학장은 학생과 교수진을 상대로 불만 사항과 제안을 게시판에 올려달라고 요청했다. 학생과 교수들은 학장이 게시판에 '확인, 완료' 같은 메모를 붙여놓았기 때문에 자신이 올린 불만에 학장이 귀 기울이고 있음을 알 수 있었다. 이처럼 직원들의 요구에 어떤 식으로든 매듭을 지어주는 게 절대적으로 중요하다. 어떤 이슈가 처리되고 있고, 어떤 것이 해결됐는지 사람들이 알 수 있게 해야 한다. 당신이 할 수 있는 일이 없을 때도 침묵하지 말고 훨씬 더 많이 거론해야 한다. 오리건주 유진에 있는 천연식품 가게 선댄스 Sundance에서 한 고객이 자기가 찾는 제품이 없다고 불만을 제기했다면 경영진은 모두가 볼 수 있도록 해당 불만을 게시하고, 그 바로 옆에 유통 회사들과 거래하면서 얼마나 우여곡절이 많은지 한 페이지에 걸쳐 설명할 수 있을 것이다. 사람들은 달갑지는 않겠지만 적어도 상황을 이해할 수는 있다.

어떤 회사들은 심지어 오랜 기간에 걸쳐 이슈를 관리하기도 한다. 해당 이슈가 얼마나 오랫동안 두드러졌는지 확인해 잊히지 않도록 하기 위해서다. 앨라배마에 있는 매키니 목재회사는 '보이면 기억되는' 방식으로 이슈를 간편하게 관리한다. 그들은 커다란 종이에 이슈를 적어 공장 벽에 붙여놓는다. 그리고 문제가 해결될 때까지 종이를 떼지 않는다.

## 문제 해결 에티켓의 기본

고객과 직원 피드백 시스템을 전반적으로 알아보았으므로 이번에는 좀 더 세부적인 사항을 들여다보자. 잘못하면 문제 해결 시스템은 시간 낭비가 될 수 있고, 더 나쁘게는 구태의연한 기업 마녀사냥의 최신 버전이 될 수도 있다. 그런 일이 발생하지 않도록 하라. 당신이 궤도에서 이탈하지 않도록 이 장의 끝부분에 있는 여섯 개 조항의 문제 해결 가이드라인을 매주, 매월, 언제든 사용하라.

여섯 개의 가이드라인 중 앞의 세 개는 문제를 현미경으로 들여다보는 것과 관련이 깊다. 적정성과 특수성이 있는지, 문제의 근원에 접근했는지를 따지는 것이다. 회사 업무에 더 큰 영향을 미치는 다른 이슈가 있는데 왜 그 문제에 집착하는가(적정성)? 조직에서 가장 큰 고통을 초래하는 문제부터 챙겨라. 문제가 되는 것이 팩트(사실)인지 팩스인지 확실하지도 않은데 왜 '통신 문제'를 해결하겠다고 뛰어드는가(특수성)? 사람들이 "시스템은 항상 다운돼요"라고 말하면서 그냥 넘어가지 않도록 하자. 언제, 어디서, 어떤 방식으로 문제가 있었는지 알아내야 한다. 그리고 병 자체를 고치는 대신 증상에만 매달리지 않았는지 확신할 수 있는가(문제의 근원에 접근)?

나는 테네시에서 고객사 직원들을 설문 조사한 적이 있다. 첫 번째 이슈는 "모든 고객이 화났다"였는데 고객들이 직원들을 함부로 대한다는 내용이었다. 이것은 분명히 적절한 이슈였지만 '모든'이라는 용어는 좀 더 구체적이어야 했다. 문제를 더 들여다보니 창고에서 제품 출하를 잘못하고 있음을 알게 됐다. 우리는 문제의 근원을 찾기 시작했다. 핵심은 몇 차례에 걸쳐 '왜'라고 묻는 것이다. 왜 제품이 잘못 출하됐는가? 우리는 5부 양식 문서의 다섯 번째 사본을 읽기가 어렵다는 사실을 발견할 수 있었다. 왜 읽기가 어려운가? 조사 결과 문서를 인쇄하는 프린터의 바퀴가 닳아 있었다. 핵심은 형사 콜롬보처럼 많은 질문을 하면 거대한 문제들의 해법을 의외로 간단한 곳에서 찾을 수 있다는 얘기다.

여섯 가지 포인트 가운데 나머지 3개의 가이드라인은 문제 해결 시스템을 공정하고 인도적으로 유지하는 일과 관련 있다. 사람('누가')이 아닌 프로세스('무엇')에 집중하고, 관련된 모든 사람을 포함하며, 절대 뒷담화하지 마라!

피드백이 욕설로 끝나지 않도록 하려면 '누구'가 아니라 '무엇'에 집중하라. 모든 문제가 한 사람에게서 나온 것일 때는 물론 그 사람의 미래를 자유롭게 해줄 필요가 있을지도 모른다. 이런 상황에도 여전히 '누구'의 실패 뒤에 있는 '무엇'을 정의할 필요가 있다. 그렇지 않으면 당신은 똑같은 채용 실수를 저지를 수밖에 없다. 그러나 그런 경우는 드물다. 대부분의 문제는 사람의 문제라기보다는 프로세스의 문제다.

10명을 만나서 10개의 다른 이야기를 듣는 불필요한 고생을 피하려면 관련 있는 모든 사람을 포함해라. 우리 고객인 한 항공기 제조 회사는 소그룹으로 회의하는 대신 모든 팀을 다 모아 문제를 토론하는 방법만으로도 제트기 한 대당 50만 달러(약 6억 7525만 원)를 절약할 수 있다는 사실을 발견했다.

마지막으로, 뒤에서 비수를 꽂지 말라. 우리는 모두 누가 자신을 비난하는지를 똑똑히 지켜볼 권리가 있다. 그뿐만 아니라 모든 관련자가 다 참석하면 문제의 근원에 접근할 가능성이 더 커지고 '누구'를 꼭 집어 공격할 가능성은 더 낮아진다.

이런 가이드라인과 함께라면 고객과 직원 피드백 시스템은 사기를 떨어뜨리는 대신 사기를 고양하고, 생산성을 떨어뜨리는 대신 개선한다는 사실을 확실하게 알 수 있을 것이다.

## 경영진 개발 기회

지금쯤 누군가는 분명히 "직원 피드백 시스템이라니. 지금도 해야 할 업무가 태산 같은데 또 한 가지 업무가 더해졌군"이라고 생각할 것이다. 그러나 회사의 문제 해결 시스템을 경영진에게 맡길 필요는 없다. 사실, 초기 검토와 문제 해결을 다루기 위해서는 중간 간부로 팀을 구성하는 편이 더 낫다. 그런 활동에 누가 더 적임자인가? 당신은 아니다. 어떤 문제가 우선순위에 있으며 어떤 직원이 문제 해결에 딱 맞는 사람인지 누가 더 잘 알까? 다시 말하지만 아마도 당신은 아닐 것이다. 이를 경영진을 개발하고 향후 당신의 후임을 선발하는 계획에 투자할 기회로 생각하라. 감독자와 중간 간부들에게 창의적으로 문제에 맞서 성과와 고객 만족을 향상할 폭넓은 기회를 제공하라.

## 일일 및 주간 측정 수단

다음 과정은 일일 및 주간 측정 수단을 정의하는 데 도움이 될 것이다. 이 수치들은 회사의 성과를 높이고 우선순위를 정하며 문제와 기회를 예상하는 데 당신과 회사가 집중하도록 해준다. 또한 회사의 모든 이들에게 던지는 근본적인 질문인 "내가 한 주를 잘 보냈는가?"에 답변할 수 있게 도와줄 것이다. 이 질문을 통해 직원들이 사기와 열의를 유지하고 있는지 객관적으로 알 수 있다.

## 단기 지표

다음 분기 혹은 1년 동안 회사가 조정할 '단기 지표'가 하나 있다면 가장 좋다. 단기 지표는 회사의 미래에 큰 영향을 미치며 회사의 단기적인 핵심 관심사를 나타낸다. 이를테면 델 컴퓨터는 2001년 PC 판매 대비 서버 판매 비율을 높이는 것을 목표로 삼았다. 성장이 정체되고 있는 PC 시장에서 빠르게 성장하고 있는 서버 시장으로 조직을 집중적으로 변화시키겠다는 뜻이었다. 전체적으로 핵심 질문은 "앞으로 3개월에서 12개월 사이에 달성해야 할 가장 중요하고 측정 가능한 일은 무엇인가?"다. 그리고 이 초점은 조직의 다양한 측면을 개선하기 위해 정기적으로 변경되어야 한다는 점을 강조하고 싶다. 이는 적당한 비율을 유지하고 즐겁게 운동하기 위해 신체 각 부분의 근육에 맞는 운동을 돌아가면서 하는 역도 선수와 비슷하다. 이는 (운동하지 않는) 다른 근육들을 쉬게 하는 효과도 있다.

## 장기 지표

다음으로 경영진은 회사의 미래를 내다보는 장기 지표 세 개를 정해야 한다. 예측력은 리더십의 중요한 기능 가운데 하나다. 장기 지표는 작년과 같은 주 대비 이번 주 판매량 비율을 시장 성장률과 비교하는 것처럼 일반적으로 주요 지표로 구성된 복잡한 비율이다. 이는 당신이 진정으로 시장 점유율을 늘리고 있는지를 알려준다. 또는 영업 효과를 표시하기 위해 마감된 통화에 대한 판매 통화 비율을 살펴볼 수도 있다. 내가 만난 한 CEO는 다음 달 상황을 알기 위해 단순히 하치장의 트럭 대수를 세서 이를 그 주의 주문 건수와 비교한다. 이름 자체가 의미하는 것처럼 이러한 주요 주간 측정치를 통해 비즈니스가 어떻게 진행되고 있는지 더 현명하게 파악할 수 있다. 그리고 일단 세 가지 효과적인 지표를 찾았다면 이를 한동안 유지할 필요가 있다. 그래야 비교 가능하기 때문이다.

## 모든 이를 위한 주간 측정 수단

일단 장기 지표와 단기 지표가 결정되면 모든 직원과 팀은 이 숫자와 일치하는 한두 개의 일일 또는 주간 측정값을 가져야 한다. 여기서 핵심은 정합성이다. 《드림 컴퍼니》(김앤김북스, 2009)의 저자 잭 스택Jack Stack은 이를 '시선의 일치'라고 불렀다. 모든 직원은 그들이 하는 일이 회사 전체에 얼마나 영향을 미칠지 알고 있는가? 한 조직은 한 분기 동안 집중할 단기 지표로 고객 서비스 등급 개선을 정했다. 이를 토대로 모든 직원과 팀은 고객에 대한 응답 속도 향상에서 정확한 주문 접수와 시의적절한 답신 전화에 이르기까지 서비스 등급을 올리기 위해 각자가 할 수 있는 방안을 생각해냈다.

## 잘 보이게 하라

측정 수단은 잘 보여야 한다. 전사적인 측정치를 이왕이면 그래픽 형태의 큰 차트로 만들어 개인과 팀과 회사가 결과를 볼 수 있도록 하라. 그리고 각 직원도 사무실 자기 자리에 화이트보드 같은 것을 만들어 자신의 일간 및 주간 측정치를 그래프로 그려보는 방법을 적극 추천한다. 이런 수치는 큼직한 그래프로 보아야 더 큰 효과를 기대할 수 있다. 직원 스스로 수치를 그래프로 그리도록 하면 더 좋다. 물리적으로 점을 표시하고 이를 연결해 그래프로 만드는 과정은 결과에 생동감을 더하고 이를 자신만의 것으로 만드는 뭔가 강력한 힘이 있다. 작년 실적과 전망치 혹은 계획치를 그래프에 함께 그리는 방법도 유용하다.

## 예측

일단 일간 및 주간 단위로 측정하는 습관이 굳어지면 과거를 단지 기록하는 차원에서 한발 더 나아가 미래를 전망하고 싶어 할 것이다. 잭 스택은 이를 '전방 예측'이라고 불렀다. 이는 지금 아는 것을 토대로 향후 몇 주 혹은 몇 달 후가 어떠할지를 경험에 근거해 예측하는 것이다. 그리고 실제 결과와 예측치를 비교하면 결과를 더 잘 예측하고 자신과 팀, 회사를 위한 결과를 이끌어내는 지식을 강화하는 방법을 배우게 될 것이다.

## 상황실

우리는 임원진을 위해 상황실을 만들 것을 제안한다. 상황실은 당신의 핵심 가치와 목적, 분기와 그해의 우선순위, 당신이 담당하고 있는 지리적인 영역, 그리고 장기 지표와 단기 지표를 커다랗게 그래픽으로 붙여놓은 곳이다. 디스플레이를 최신 상태로 유지할 책임자를 지정하라.

당신에게 별도의 방이 없고 방문객이 회사 정보를 보는 일도 원하지 않는다면 300달러(약 40만 원) 정도 비용을 들여 한쪽에는 화이트보드, 다른 한쪽에는 코르크 보드가 붙은 바퀴 달린 칠판을 마련하자. 일반적인 회의에는 화이트보드를 사용하고, 주간 임원 회의에는 칠판을 뒤로 돌려 지도와 그래프, 리스트 등을 코르크 보드에 붙여

활용한다. 벽에 붙일 수 있는 양면 화이트보드도 있으며 방 한쪽에 커튼을 치고 그 뒤에 정보를 부착할 수도 있을 것이다. 그러나 많은 회사가 고객도 이 같은 정보를 볼 수 있도록 자랑스럽게 붙여놓는다. 고객들은 회사가 잘 관리되고 있으며 임원들이 내부 사정을 잘 알고 있다는 신뢰감을 느낄 수 있다.

## 요약

요약하면, 회사의 일일 및 주간 측정값과 회사 측정값에 일치하는 모든 개인 또는 팀의 일일 및 주간 측정값을 개발하는 일은 절대적으로 중요하다. 이런 수치가 필요한 이유는 모든 사람의 관심을 성과를 높이고 우선순위를 강화하며 문제점과 기회를 예측하는 데 집중시킬 수 있기 때문이다. 그리고 이런 측정 수단을 모든 이들이 볼 수 있도록 눈에 잘 띄게 그래픽으로 돋보이게 게시하고 임원진을 위한 상황실을 만들어라. 가장 중요한 것은 수치 측정을 곧바로 시작하고, 가장 통찰력 있고 유용한 피드백을 얻을 때까지 다르게 나오는 수치를 계속 조사하는 것이다.

## 문제 해결 가이드라인

이 가이드라인은 갈등 해결, 의사 결정, 문제 해결 과정에서 볼 수 있는 내용과 유사하다는 점을 눈치챌 수 있을 것이다.

1. **적정성** 그 문제가 정말 중요한가, 가장 중요한가, 문제의 영향을 받는 고객이 있는가? 여기에서 당신은 반복되는 문제의 패턴을 찾을 것이다. 모든 문제를 당장 해결할 수는 없다. 따라서 고객과 직원들의 시간과 돈을 가장 많이 빼앗는 문제를 찾길 바란다.

2. **특정성** 당신의 문제 리스트를 돌아보라. 일반적으로 썼는가 아니면 특정해서 나열했는가? 혹자는 문제점으로 의사소통 문제나 소통 부재 혹은 같은 질문에 답변을 반복하는 것 등을 열거할 것이다. 그러나 누가, 무엇을, 언제, 어디서, 어떻게, 왜 문제를 일으켰는지 알지 못하면 이 문제에 접근할 수조차 없다. 특정해야 한다는 것은 '언제나' '절대로' '항상' 등의 단어를 주의해서 사용해야 함을 뜻하기도 한다. 직원 회의에서 사람들이 특정하고 구체적인 얘기를 하도록 압박을 가하라.

3. **문제의 근원에 접근하라** 증상뿐만 아니라 문제의 원인을 보자. 특정한 의사소통 문제를 찾아냈다고 하자. 대부분의 경우 표준적인 반응은 '메모를 보내라'라는 것이다. 이렇게 해서 문제의 근원에 다다를 수는 없다. 대신 금방 고칠 수는 있다. 문제의 근원을 파악하는 가장 좋은 방법은 '다섯 번의 왜' 기법이다. 근본 원인에 접근할 때까지 몇 차례에 걸쳐 '왜?'인지 묻는 것이다.

4. **'누구'가 아니고 '무엇'에 집중** 아무도 조사 결과가 타인에 대한 비난이나 욕설로 바뀌는 상황을 원하지 않을 것이다. 게다가 시간의

95퍼센트가 과정의 문제지 사람 문제는 아니다. 그러나 모든 문제가 같은 사람에게 귀착되면 어떻게 할까. 어쩌면 당신은 너무 오래 기다렸고 그 사람을 내보내야 할지도 모른다. 그러나 당신은 여전히 "우리가 무엇을 잘못해 이 사람을 실패로 이끌었을까?"를 질문해야 한다. 인사 채용이나 교육 과정에서 개선점이 발견될 수 있다. '무엇'의 근원에 접근하지 못했다면 당신은 여전히 '누구'의 실수를 반복하고 있는 것이다.

**5. 관련자 모두를 포함해라** 10명에게 10번의 설명을 듣는 것보다 차라리 모두를 방에 불러 모으면 문제 전체에 대한 더욱 진실한 그림을 얻을 수 있다. 모든 이를 한 자리에 모으는 방법은 조직 한쪽에서의 문제 해결이 다른 곳에서 더 큰 문제를 야기하는 준 최적화 문제를 최소화하는 데 도움이 된다.

**6. 뒤에서 비수를 들이대지 마라** 당사자가 없는 데서 그에 대해 부정적인 이야기를 하지 말자. 단 하나의 예외는 특정인과 대면하기 전에 그 사람에 대한 조언을 구할 필요가 있는 경우다. 이런 상황에도 가능한 한 빨리 그들을 대화로 끌어들여야 한다. 이 가이드라인은 당신을 비난한 사람을 직접 대면할 권리가 있으며, 판결이 내려질 때는 당사자가 현장에 있을 권리가 있다는 원칙에 뿌리를 둔 것이다. 또 당신이 다른 사람에게 누군가에 대해 부정적으로 이야기하면 듣는 이들은 그들이 없는 자리에서 당신이 자신들을 험담하지는 않을지

의심할 수밖에 없다. 이 규칙을 성공적으로 세우면 조직의 신뢰와 개방성 수준은 크게 향상될 것이다. 그리고 다른 사람이 참석하면 누구든 앞서 말한 다섯 가지 가이드라인을 더 철저하게 따르는 경향이 있다.

성장하는 기업의 가치를
상승시키기 위해 반드시 해야 할 것

Mastering
The Rockefeller
Habits

# Part 8

일일 및 주간 회의
마스터하기

# 팀 성과를 높이려면 회의를 구조화하라!

● ● ●

## | 경영자를 위한 요약 |

비즈니스에서 단순히 많은 소음을 발생시키는 것 이상의 무언가를 얻으려면 리듬, 다시 말해 효과적인 회의의 리듬이 필요하다. 맥박이 빨라질수록 성장 속도가 빨라진다. 팀 성과의 핵심은 일일, 주간, 월간, 분기별, 연도별로 일정에 맞춰 긴밀하게 운영되는 일련의 회의로 모든 회의는 예외 없이 예정대로 진행되고 반드시 특정 안건을 포함해야 한다. 이런 회의를 통해 경영진은 중요한 일에 집중할 기회를 가질 수 있다. 또 문제를 더 빨리, 쉽게 해결할 수 있고, 전략적 의사 결정을 중심으로 더 나은 조정을 달성할 수 있으며 좀 더 효과적으로 의사소통할 수 있다. 이번 장에서는 각 회의에 누가 참석해야 하고, 의제는 무엇이며, 언제 해야 하는지 자세한 내용을 파악할 것이다.

존 D. 록펠러의 전기 《부의 제국 록펠러》를 읽고 나는 그의 점심 식사 습관에 충격을 받았다. 록펠러는 매일 한 번도 거르지 않고 회사 주요 인사들과 함께 점심 식사를 하며 대화를 나눴다. 처음에는 록펠러와 스탠더드 오일의 공동 창업자 네 명만이 참석했지만 수십 년이 흐르고 회사가 커지면서 이사 9명이 추가로 참석하게 됐다. 그리고 그들은 일일 회의를 꾸준히 이어나갔다.

의식적이든 아니든 록펠러는 회사라는 단어가 '빵을 나누다'라는 뜻인 점을 이해하고 있었다. 록펠러는 고위 간부와 고문들을 불러 함께 식사하면 서로의 인간적이고 전문가적인 관계가 강화된다는 사실을 알았다. 후일을 기약하며 힘을 키웠기 때문에 임원들은 회사 밖에서 석유산업이든 월스트리트를 정복하는 일이든, 현재 어떤 목표를 잡았든 자기 몫을 다했다. 매일 회의하는 게 중요할까? 록펠러는 분명 단호한 어조로 "그렇다!"라고 답할 것이다.

한 세기 후, 스티브 잡스는 애플을 변화시키는 과정에서 똑같은 일을 했다. 잡스는 애플이 컴퓨터 산업에서 두각을 나타내기 위해 출시할 네 가지 제품(개인용, 회사용 데스크톱과 개인용, 회사용 노트북)의 리더들과 만날 수 있도록 일일 상황실을 마련했을 뿐만 아니라 디자인 책임자인 조너선 아이브Jonathan Ive와 매일 점심을 먹곤 했다.

2020년 코로나바이러스 팬데믹이 시작되면서 에어비앤비가 10억 달러(약 1조 3500억 원) 규모의 예약을 잃었을 때 경영진은 위기를 극복하기 위해 일주일 내내 만남을 가졌다. 그들은 기업공개IPO 이전과 이후 같은 일상을 이어갔다.

## 회의: 일상이 당신을 자유롭게 한다

나는 고속 성장 기업들과 40여 년을 일해오면서 회의 리듬과 일상성을 확립한 기업이 경쟁에서 승리한다는 사실을 예상했다. 빨리 성장하는 기업일수록 회의도 더 많이 갖는다. 이런 얘기는 대기업에서 일하는 이들에게 비웃음을 살지도 모른다. 대기업 회의는 보통 몇 시간, 혹은 며칠을 잡아먹는 업무 방해물이자 두려움의 대상이기 때문이다. 그러나 나는 우리 대부분이 견뎌온 광범위하고 빈약한 회의에 관해 얘기하는 게 아니다. 나는 구조와 시간 제한과 특정한 의제가 있는 짧고 효과적인 회의를 말하고 있다. 이런 형식의 회의는 당신을 늪에 빠진 것처럼 느끼게 하지 않을 것이다. 오히려 이런 유형의 정기적인 회의는 당신을 자유롭게 할 것이다.

잠시 재즈 음악을 생각해보자. 자유가 넘치지 않는가? 언뜻 보면 재즈는 즉흥 연주처럼 보인다. 그러나 재즈를 공부하거나 재즈의 관용구를 정말 잘 아는 이와 얘기를 나눠보면 재즈 연주에는 열정적인 프리 스타일링의 기본이 되는 견고한 리듬과 일련의 규칙이 있다는 사실을 깨닫게 된다. 함께 모여 멋진 음악을 창조하려면 모든 연주자는 기본적인 구조를 이해하고, 그 틀(핵심) 안에서 연주하는 데 동의해야 한다. 그리고 그들은 유능한 음악가여야 한다(우수한 인력). 그들은 같은 악보를 보고 같은 음악을 연주해야 한다(한 페이지 전략). 또한 그들은 같은 박자에 맞춰 연주해야 한다(리듬). 이런 요소가 위대한 음악과 소음을 구별하는 잣대다.

성장하는 기업의 회의에 리듬이 있고 의제에 규칙이 있을 때 전문가와 알려지지 않은 인재들이 함께 어울려 새롭고 놀라운 결과를 창조할 수 있다. 새로운 사람들(그리고 새로 합병된 회사들)은 협력할 수 있는 명확한 구조가 있을 때 빠르게 적응한다.

## 더 많은 회의

대부분의 회사는 분기 및 연례 회의를 한다. 분기 회의에서는 연말 목표에 얼마나 다가갔는지 진척도를 따진다. 연례 회의에서는 진행 상황을 체크하고 다음 해의 새로운 목표를 정한다. 이들 분기 및 연례 회의의 핵심 의제는 3장에서 설명한 한 페이지 전략 기획을 토대로 만들어진다. 모두 괜찮다. 그러나 나는 매우 단호하게 일일, 주간, 월간 회의를 추가할 필요가 있다고 주장한다. 왜냐하면 자주 열리는 회의의 의제에서 나오는 산출물을 추리면 빈도가 낮은 분기 및 연례 회의의 개요가 만들어지기 때문이다. 각 회의는 다음 회의의 뼈대를 세운다.

예를 들어 매달, 매주, 매일 성과를 내지 않는다면 어떻게 분기 목표를 세울 수 있겠는가? 팀원들은 새로운 기회, 전략적 관심사 및 장애물에 대해 논의하기 위해 정기적으로 대면하는 자리가 필요하다. 시장이 어떻게 변하고 있는지, 매주 나타나는 기술적 문제가 무엇인지를 연례 회의에서 처음 다룬다면 새해 목표를 세우는 데 얼마나 많은 시간이 걸릴 것인가?

회사가 더 빨리 성장할수록 회의 리듬도 더욱 빨라져야 한다. 일반적으로 회사가 연 15퍼센트 미만의 성장률을 보이면 전략적 사고의 관점에서 1년을 똑같이 1년으로 여기면 된다. 연 20~100퍼센트로 성장하고 있다면 매 분기를 1년으로 생각하라. 이는 분기마다 새로운 전략을 짜야 한다는 의미다. 만약 매출이 매년 두 배 이상으로 커지는 엘리트 기업이라면 한 달을 1년처럼 여겨라. 이런 경영 스타일에 대해 더 알고 싶다면 마이클 쿠수마노Michael Cusumano와 데이비드 요피David Yoffie의 책《인터넷 시간 경쟁 Competing on Internet Time》을 읽어보라. 이 책은 넷스케이프와 마이크로소프트의 브라우저 전쟁을 간추려서 소개하고 있다. 넷스케이프는 한 달을 1년처럼 취급하면서 빠르고 성공적인 성장을 이어갔다. 당시 어느 기업보다도 빠르게 성장했음에도 불구하고 넷스케이프는 매달 외부에서 경영진이 모두 참석하는 공식 전략 회의를 열었다. 그런 방식으로 넷스케이프는 월간 리듬을 말로만 떠든 것이 아니라 실제로 행동했다.

## 일일 회의는 필수

성장하는 기업의 모든 임직원은 반드시 매일 5~15분간 회의에 참석해야 한다. 모두 같은 회의에 참석하라는 뜻이 아니라 각자 어떤 회의든 참석해야 한다는 얘기다. 이 부분에 대해 나는 논쟁의 여지가 없을 만큼 확고한 믿음을 가지고 있다.

물론 언제나 내게 돌아오는 즉각적인 반응은 "우린 너무 바쁘다"라는 대답이다. 사람들은 인력이 얼마나 부족한지, 얼마나 출장을 많이 다녀야 하는지 모르는 소리라며 불평한다. 그들은 5분이나 15분은 고사하고, 모든 사람을 매일 단 1분이라도 한 자리에 모을 수 있을지 상상조차 힘들다고 말한다. 그와 반대로 매우 작고 출장이 큰 문제가 아닌 회사 직원들은 "온종일 서로 얼굴을 맞대고 있는데 회의까지 할 필요가 있는가?"라고 대답한다.

이런 주장들은 다 문제가 있다. 우선, 휴대전화가 생긴 이래로 회의가 항상 회의실이나 누군가의 책상 앞에서 열릴 필요는 없다. 사람들이 외근하고 있을 땐 컨퍼런스 콜이나 줌 회의도 괜찮다. 5~15분을 낼 시간이 없다고? 화장실 사용 시간하고 엇비슷하지 않은가? 둘째, 일이 너무 많다거나 이미 서로 자주 보고 있다는 주장은 핵심과 거리가 멀다. 평상시의 만남은 리더가 팀 성과를 얻는 데 있어 가장 강력한 세 가지 도구 - 동료의 압력, 집단 지성, 명확한 의사소통 - 을 활용하지 못한다. 이에 대해서는 이 장 뒷부분에서 더 자세히 설명하겠다.

회의는 모두의 시간을 절약해줄 것이다. 당신은 매일 10분씩 사람들을 구하는 데 매분을 계산할 수 있다. 따라서 매일 8분씩 모여 있으면 모든 사람이 약 1시간 30분을 절약할 수 있다. 엄격한 일일 회의 일정을 유지함으로써 언제든 서로 마주하는 실질적인 상담 시간을 마련할 수 있다. 고객 문의에 답변할 필요가 있을 때 "당사자를 찾아서 오늘 중 답변드릴게요"라고 말할 필요 없이 시간을 정확하게 말할 수 있다. 일일 회의가 끝나는 대로 답변할 수 있을 것이기 때문이다. 또한 의사소통을 위해 복도에서 우연한 만남에 의존하는 경우처럼 같은 냉담한 대화를 서너 번 반복하지도 않을 것이다. 모든 이들이 일일 회의에 참석하면 일 처리는 빨라지고 의사소통은 정확해진다.

또 다른 중요한 부분은 일대일 만남에서 많은 비공개 협상이 진행되면서("내 마음에 들지 않는 부분은…") 리더가 항상 나쁜 사람이 되는 위치에 놓이게 된다는 점이다. 그러나 다만 몇 분이라도 모든 사람을 같은 요구에 부응하게 하면 리더에게 가하는 압박을 줄이고 결과물의 비율을 높이자는 동료 집단의 압력이 형성된다.

마지막으로 일일 회의는 당면한 문제에 관한 팀의 집단적인 지혜를 모을 수 있다. 하루에 15분 혹은 일주일에 한 시간조차 당면한 기회에 집중하지 못하는 고위 임원진이 있다는 것은 얼마나 수치스러운 일인가? 내가 설명한 이런 규율이 없다면 주의를 집중하고 있다고 착각하는 어리석음은 저지르지 말자.

## 회의 시간 잡기

일을 잘하기 위해서는 일일 회의를 제대로 준비해야 한다. 나는 회의 시간을 다소 획일적이지 않게 정하라고 권하고 싶다. 예를 들면 매일 오전 8시 8분 또는 오후 4시 46분으로 정하는 방식이다. 무슨 이유인지는 모르지만 시간을 30분이나 15분 단위로 정하지 않으면 사람들은 약속 시간을 더 잘 지킨다. 약속 시간을 잊을 것 같아서 걱정인가? 휴대전화에 매일 알람 시간을 맞추면 된다.

정시 출석을 의무화하고 어떠한 변명도 허용하지 마라! '나는 고객과 치열한 미팅 중이었다.' '나는 벤처투자가들로부터 자금을 유치하던 중이었다'와 같은 변명도 소용없다. 나는 상대방에게 일일 회의를 위해 잠깐 휴식을 취해야 한다고 말한다. 그리고 그들은 내 의사를 존중해준다.

모두가 정시에 시작해서 정시에 끝내고 문제 해결을 시도하지 말자. 이 회의는 문제를 파악하기 위한 시간일 뿐이다. 그리고 회의가 15분 이상 늘어지면 사람들은 회의 습관을 버리게 될 수도 있다.

### 회의 준비

어디든 당신이 원하는 곳에서 만나라. 그러나 편하게 앉아 있을 만한 장소는 피하라고 강력하게 권하고 싶다. 서서 회의하거나 등받이 없는 의자를 이용하라. 회의 시간을 줄이는 데 도움이 된다. 리더의 사무실에 모이면 리더의 업무가 더 쉬워진다. 컨퍼런스 콜을 이용한다면 모두가 줌 등으로 참석해도 좋고 몇 명이 데스크톱 주변에 서서 해도 좋다.

### 누가 참석할까?

일반적으로 참석자가 많을수록 회의 분위기가 더 밝아지는 경향이 있다. 참석 그룹이 너무 많거나 광범위하면 접근 방법을 약간 변경하고 싶을 수도 있다.

리츠칼튼에서는 매일 CEO 사무실 밖에서 열리는 10분간의 회의에 본부 직원 80명가량이 참석한다. 또한 발리에서 보스턴까지 모든 리츠칼튼 호텔에서는 안내데스크 직원이나 전화 교환원을 제외하고 모두 참석하는 일일 교대 회의를 열어 문제점을 토의하고 회사의 경영철학을 되새기는 시간을 갖는다. 메리어트호텔은 리츠칼튼을 인수한 후에도 이러한 관행을 계속하고 있다.

경영 동학 마스터 프로그램에 참여하는 회사 중 한 곳인 익스프레스 메드의 CEO 앨런 루디도 회사를 생동감 있게 만들기 위해 일일 회의를 활용했다. 직원들이 다양한 프로젝트팀에서 일하고 있으므로 전 직원을 모두 모아 15분짜리 회의를 했다. 처음 5분은 프로젝트 리더들이 진행 상황을 보고하고 어떤 문제가 발생했는지 설명한다. 그리고 모든 사람이 필요에 따라 토론을 진행한다. 루디의 접근 방식의 장점은 모든 직원이 자신의 사무실에서 벗어나 참여하게 한다는 점이다. 프로젝트 리더가 자신의 업무와 중복되는 사람을 찾아야 했던 시절에는 피할 수 없었던 중복과 교차 기능 요구 사항이 이제는 거의 즉시 해결되었다.

내가 아는 기업 중 아마도 가장 의욕적으로 일일 회의를 하는 곳은 스쿠터 스토어일 것이다. 이 회사는 주로 노인층을 위한 자동 스쿠터를 전국적으로 판매하고 있다. 스쿠터 스토어는 신속한 일일 회의를 통해 전사적으로 24시간마다 재편성되었다. 우선 전국적으로 판매를 담당하는 팀은 지역마다 15분간 회의를 열었다. 이 회의가 끝나면 해당 팀의 팀장들이 15분간 컨퍼런스 콜을 했다. 마지막으로 임원진이 15분 동안 최종적인 회의를 했다. 매일 이렇게 45분간 열린 회의를 통해 스쿠터 스토어는 말단에서 최고경영자까지 전 직원이 서로 의논했다.

### 누가 회의를 주재하는가?

짜임새 있고 규율에 강한 사람을 선발하라. CEO가 아닐 수도 있다. 그게 누구든 담당자는 모든 회의를 정시에 돌아가게 하는 임무에 최선을 다해야 한다. 초읽기에 쓰이는 스톱워치를 이용해 의제의 어느 부분도 회의에서 빠지지 않도록 한다.

회의 주재자의 또 다른 중요한 업무는 "그 문제는 오프라인에서 논의합시다"라는 말을 하는 것이다. 두세 사람이 주제에서 벗어나 전체적인 관심사가 아닌 얘기를 할 때마다 그들에게 회의가 끝난 뒤 하던 대화를 계속하라고 지시하면 된다.

### 의제

회의는 언제나 같은 구조로 진행돼야 한다. 의제는 단 세 개 - 잘 지내고 있는가? 일일 성과 측정치는? 어떤 문제가 있는가? - 이다.

처음 5분간 회의 참석자는 각각 몇 초간(최대 30초) 잘 지내는지, 그날의 으뜸 우선순위가 무엇인지 얘기한다. 이런 시간은 그 자체로 가치 있다. 사람들은 얘기를 들으면서 갈등이 있는지, 의제가 꼬였는지, 기회를 놓쳤는지 등을 즉시 느낄 수 있기 때문이다.

다음으로 참석자 전체는 회사가 사용하고 있는 일일 성과 측정치(아마 어떤 회사든 이런 게 있을 것이다)를 짧은 시간 동안 보면서 진척도를 체크한다. 디지털 소매업체는 웹사이트 조회 수를 측정치로 삼을 수 있다. 판매 조직이라면 그날의 제안서 수를 따져 볼 수 있다. 월마트는 주가를 이용한다. 그리고 집중하거나 매일 체크하고 싶은 단기적인 직원 활동을 선택하라. 외상 매출금 등과 같이 측정 가능한 활동이어야 한다.

세 번째이자 가장 중요한 의제는 사람들이 어디서 어려움에 봉착했는지이다. 당신이 찾으려는 내용은 감당하기 어려운 경영의 적인 장애물이다. 장애물 이외의 다른 곳에 에너지를 쏟는 것은 낭비다.

내가 세 번째 의제를 중요하게 생각하는 데에는 몇 가지 이유가 있다. 첫째 모든 사람이 듣는 데서 당신의 두려움, 투쟁, 걱정을 단지 몇 마디 말이라도 표현하는 것 자체에는 강력한 무언가가 있다. 바로 문제를 해결하는 첫 번째 단계다. 입이 움직이기 전에는 머리도 작동하지 않기 때문이다. 둘째 장애물을 주제로 토론하다 보면 종종 누가 자기 일을 안 하고 있는지가 드러난다. 누군가 장애요인을 보고하지 않고 이틀을 지나쳤다면 뭔가 더 큰 문제가 숨어 있다고 의심할 만하다. 바쁘고 생산적인 사람들이 중요한 일을 할 때는 상당히 규칙적으로 정체를 경험한다. 정체를 경험하지 않는 유일한 사람들은 아무일도 하지 않는 이들이다. 그러므로 '모든 일이 다 잘되고 있다!'라고 보고하는 팀원을 정밀하게 조사하라.

이처럼 일상적인 의제는 갤럽Gallup이 직원 참여의 핵심이라고 판단한 내용과 일치한다. 직원들은 코치 혹은 관리를 원한다. 코칭 질문의 핵심은 '당신의 최우선 목표는 무엇이고 무엇이 목표 달성에 방해가 되는가?'이다. 매일 이 질문에 대한 답을 듣게 될 것이며 며칠 후(추세를 파악하려면 여섯 개의 데이터포인트가 필요하다) 코칭이 가능한 순간을 여러 번 경험하게 될 것이다. 그들은 올바른 작업을 하고 있는가? 중요한 것인가? 아니면 긴급한 것인가? 그리고 최우선 순위를 달성하는 데 방해되는 요소를 제거하려면 어떻게 도움을 줄 수 있는가?

중요한 점은 장애요인에 관한 대화가 문제 해결로까지 이어지지 않도록 해야 한다는 점이다. 어떤 문제에 대해 "○○에게 전화해보세요" 정도로 답변하는 것은 괜찮다. 그러나 그 이상은 오프라인을 이용해야 한다. 기억하라. 일일 회의는 짧아야 한다. 이번 장의 마지막에는 일일 회의 안건에 대한 한 페이지 개요가 나와 있다.

## 주간 회의 의제

주간 회의의 목적은 좀 다르므로 의제도 다르다. 주간 회의는 좀 더 이슈 지향적이며 전략적인 취합이다. 그러나 일일 회의의 리듬을 구축하지 못했다면 주간 회의도 마찬가지일 것이다. 일일 회의를 함으로써 당신은 주간 회의를 난항에 빠뜨릴 수 있는 많은 이슈를 미리 정리할 수 있다. 이 부분이 가장 중요한 시너지다.

다음 문단에서 나는 일일 회의 의제와 주간 회의 의제의 차이점에 관해 설명할 것이다. 완성된 주간 회의 의제를 보려면 이 장의 맨 뒷부분을 보라.

## 스케줄

회의 일정은 매주 같은 시간, 같은 장소로 잡아라. 일선 직원들이 참여하는 회의는 30분, 임원 회의는 1시간으로 한다. 역시 줌 콜로 할 수 있다. 임원이 다른 지역이나 외국에 출장 갔더라도 일정한 시간에 줌 원격 회의로 진행할 수 있다.

## 5분: 좋은 소식

주간 회의의 첫 5분은 좋은 소식을 전하면서 시작한다. 개인적이거나 일에 관련된 좋은 소식 모두 가능하며 재미있을수록 좋다. 웃음은 두뇌를 알파 상태로 만들어 더 효과적인 회의를 가능하게 한다.

웃음은 회의를 기분 좋게 시작할 수 있도록 하고, 참석자들을 긍정적인 면에 집중시키며, 정신 건강의 척도 역할을 한다. 누군가 좋은 소식 없이 몇 주를 보냈다면 리더는 이 사람의 사적인 면에 관심을 기울이고 정말 괜찮은지 살펴보아야 한다.

### 10분: 고객과 직원 피드백

다음 10분 동안 고객과 직원들의 구체적인 피드백을 검토한다. (주간 회의에서 충분히 나올 수 있는 내용이지 않은가?) 하루하루 어떤 이슈들이 쌓여가는가? 사람들은 어떤 얘기를 듣고 있는가? 논의할 내용이 있으려면 일간/주간 단위로 의견을 수렴해야 한다. 이 내용은 의사 결정/우선순위 결정에 중요한 정보다.

### 10분: 우선순위 및 넘버

분기별 우선순위와 개인별, 회사 차원의 수치와 관련된 진행 상황을 모두에게 업데이트하는 데 10분을 써라. 모든 회사는 우리가 장기 지표라고 부르는 세 가지 주요 성과 지표를 가져야 한다. 이는 보통 미래의 경영 성과에 대한 진정한 통찰력을 제공한다. 그리고 이 수치는 그래픽으로 표시되어야 한다(이 장의 뒷부분에 나오는 주간 회의 의제 참조).

## 30분: '핵심 사항' 혹은 한 가지 이슈

주간 회의의 가장 큰 실수는 매주 모든 문제를 다루겠다는 과욕이다. 이렇게 되면 문제를 피상적으로 다루게 되고 한 이슈에 대해 시간을 두고 집단적인 지혜를 모으지도 못한다. 핵심은 한 달 혹은 한 분기 동안 우리가 앞서 3장에서 '핵심 사항'라고 표현했던 우선순위가 앞서는 이슈에 집중하는 것이다. 일선 직원은 여기에 10분 정도, 임원진은 30분 정도 투자하라. 단, 한 가지 이슈에만 집중하라. 더 많은 이슈를 시도하면 아무것도 얻지 못한다. 그렇다면 어떤 이슈를 고를까? 월간 및 분기 회의에서 정한 우선순위 가운데 하나를 선택해 그 항목이 한 달 혹은 한 분기에 적어도 한 번 이상 이슈화되도록 계획을 짜라. 만약 우선순위 가운데 하나가 내부 정보 시스템을 만들고 운영하는 것이라면 해당 프로젝트 책임을 맡은 임원은 13주로 이뤄진 분기에 적어도 두세 차례는 관련된 추가 정보를 보고하고 피드백을 받는 등 중책을 맡아야 한다. 이런 식으로 주제가 번갈아 돌아가면 당신은 매년 15~20개의 '핵심 사항'을 정복하고, 생각보다 더 빨리 처리할 수 있을 것이며, 머리도 한결 가벼워질 것이다.

### 맺음말

각 참석자에게 소감 한마디씩을 부탁하면서 주간 회의를 마무리한다. 참석자들은 논의되었거나 결정된 사항에 대해 어떻게 생각하는가? 이는 회의를 공식적으로 끝내면서 참석자 모두에게 발언할 기회를 주고, 사람들이 어떻게 생각하고 느끼는지 깨닫는 기회를 제공한다. 남아 있는 이슈나 갈등이 발견되면 사후관리를 할 수 있다.

주간 회의가 아침, 점심, 간식 시간 전이면 좋다. 임원진은 이런 편안한 시간에 회의에서 떠오른 이슈를 주제로 논의를 이어갈 수 있기 때문이다. 중요한 의사 결정은 때때로 이렇게 완성된다.

### 월간 회의 의제

분기 및 연례 회의의 초점이 전략 수립이고 일간 및 주간 회의의 초점이 실행이라면, 월간 회의의 초점은 학습에 맞춰져 있다. 즉, 임원진이 자신의 생각을 다음 단계로 '전달'하는 기회다. 월간 회의는 2시간에서 4시간 정도로 진행하는데(우리 회사는 4시간 동안 진행한다) 중고위급 리더 팀이 모여 각자의 우선순위에 대해 진행 상황을 검토하고, 월별 손익계산서를 자세히 검토하고, 프로세스 관점에서 무엇이 작동하고 무엇이 작동하지 않는지 토론한 뒤, 적절히 조정한다. 또한 한두 시간 정도의 구체적인 교육을 하는 시간이기도 하다.

핵심은 고위 경영진과 중간 경영자를 모두 포함해 그들이 함께 일할 수 있는 체계적인 시간을 만들어주는 것이다. 이는 중간 경영자를 키우고 일관성을 유지하는 데 중요한 부분이다.

## "회의가 왜 이렇게 많아?"

아마 여기까지 읽으면서 "우리도 이미 분기나 연간, 혹은 일대일로 회의를 계속하고 있으므로 이런 추가적인 구조는 필요하지 않다"라고 생각할지 모른다. 일대일 이슈에서부터 당신을 한 번 더 설득해보겠다.

일일 및 주간 회의는 일대일로 만나는 방법보다 확실히 더 효과적이다. 일대일에서는 거짓이 퍼지기 시작할 때 경보를 울려주는 장치가 없다. 사람들은 반발이 생길 가능성이 큰 전체 집단 앞에서는 시도하지 않을 변명을 한 사람 앞에서라면 하게 된다. 목표가 걸려 있고, 책임 소재가 문제일 때, 일일 및 주간 회의에서 쏟아지는 동료 집단의 압력은 임원 개개인이 CEO를 상대로 보고할 때보다 상황을 더 원만히 진행되도록 한다. 왜일까? 팀과 매일, 매주 얼굴을 맞대며 실패에 대한 똑같은 변명을 되풀이하는 것보다 일을 완수하는 편이 더 쉽기 때문이다. 따라서 회의는 성과물의 속도를 높이고, 당연하게 리더가 시간에 대해 느끼는 부담을 덜어준다.

일일 및 주간 회의에서 얻은 집단적인 지혜의 가치도 중요하다. 퀴즈를 친구 한 명에게 전화로 물어보는 것보다 다수의 청중에게 물어볼 때 정답을 얻을 확률이 높아지는 것처럼, 팀 전체의 두뇌를 한 이슈에 집중시키면 일대일로 집중할 때보다 훨씬 효과적이다. 또한 일일 및 주간 회의가 주는 부수적인 혜택은 핵심 경영철학을 강화하

## 일일 회의의 구조

**〈초점〉**
**으뜸 우선순위 장애물**

**신속 일일 의제: 5~15분**

[2~5분] 무슨 일이 있는가? 각 참석자는 앞으로 24시간 동안 자신의 최우선순위와 더불어 활동, 회의, 성취, 주목할 만한 고객의 소식 등에 관한 세부 사항을 공유한다.

[2~5분] 각자의 일일 성과 측정치/지표-하루 전날 그리고 오늘의 목표

[2~5분] 어디서 어려움에 봉착했는가? 각 참석자는 자신의 우선순위를 달성하기 위해 구체적 장애물, 제약사항, 걸림돌을 공유한다.

[선택] 핵심 경영철학 검토


**회의에서 일어서라, 앉지 마라.**
**다른 선택이 없다면 전화로 참석할 것**

일일 회의는 언제인가? _____

누가 참석하는가? _____

컨퍼런스 콜인가 아니면 서서 하는 회의인가? _____

누구의 사무실에서 만나는가? _____

고 격려할 기회를 제공한다는 점이다.

　물론 일일 및 주간 회의를 생략하고 월간, 분기, 연간 회의만 할 수

도 있다. 만약 월간 및 분기 회의를 좀 더 전략적으로 만든다면 당신은 무시무시한 변화의 속도를 따라가면서 아마도 일을 훌륭하게 처리하고 있다고 느낄 것이다. 그러나 내 질문은 아직 남았다. 빠른 속도로 움직이는 가운데 회사가 당신이 원하지 않는 방향으로 가고 있지 않다고 확신할 수 있는가? 확실한 것은 일상적이고 리듬이 있는 일일 및 주간 회의다.

## 주간 회의의 구조

### 적정성

매주 중요한 일에 집중할 시간을 정하라. 처음에는 불가능해 보일 수 있으나 일단 습관이 생기고 회의가 적절하게 구성되면 대부분의 사람은 회의를 기대하게 되고 회의 없이는 제대로 기능하지 못한다는 사실을 알게 된다. 이 같은 직원 팀 회의는 이 책에서 전달하는 나머지 아이디어를 실행하는 데 가장 중요한 요소다.

회의를 생산적이고 유용하게 하기 위해서는 다음의 제안 안건을 사용하는 것이 좋다. 또 회의 마감 시간을 점심시간이나 오후 5시 혹은 오전 8시 전처럼 중요한 기한 직전으로 정할 것을 권장한다. 이렇게 하면 회의를 정시에 마칠 수 있다.

## 제안 의제

### 5분 – 좋은 소식

참석자 모두가 각자 좋은 소식 두 가지를 말하게 한다. 지난 한 주 동안 있었던 개인적인 일과 업무와 관련된 일 가운데 고르면 된다. 이것은 회의의 부정적인 효과를 줄이는 방법이다. 좋은 소식은 도전에 집중하게 만들고 사람들이 나쁜 면이 아니라 좋은 면을 보도록 하기 때문이다. 서로를 더 잘 이해하고 북돋아주는 데에도 더할 나위 없이 좋은 방법이다. 처음에는 어색할 수 있지만 모두 참석하도록 한다.

### 10분 – 고객 및 직원 데이터

기본적인 기록을 체크하라. 다시 말하지만 대화에 매몰되지는 마라. 팀이나 고객이 매일매일 마주하는 반복되는 이슈나 걱정거리가 있는지 검토하기만 하면 된다. 이슈 하나를 고르고 한 사람이나 소규모 그룹을 배치해 가장 근본적인 원인을 찾기 위해 노력하라.

### 10분 – 넘버

생산성과 관련된 개인적인 혹은 팀의 주간 성과 측정치를 체크하라. 대화에 얽매이지 말고 숫자만을 보고하라. 각 팀이 회의에서 공유된 주간 실적을 그래프로 그리면 금상첨화다. 데이터에서 경향을 파악하는 데 도움이 된다.

### 10~30분 – 집단 지성

주요 우선순위인 '핵심 사항'과 관련해서 대화를 시작하라. 큰 이슈를 다루려면 팀의 집단 지성을 이용하라. '핵심 사항'에 대한 책임이 있는 사람이 어떻게 대처하고 있는지 프레젠테이션을 하게 하라.

### 한 구절로 정리

회의 참석자 모두 돌아가면서 회의에 대해 그 순간 느끼는 감정을 단어나 구절로 말하게 한다.

### 기록 관리

누가 앞으로 무엇을 언제 하겠다고 말했는지 기록하라.

매주 30~60분의 회의는 효과적일 경우 임직원의 일을 더 쉽고 생산적으로 만든다. 효과적이지 않다면 어떻게 회의가 운영되고 무엇이 논의되는지 다시 체크하라. 하지만 이처럼 중요한 리듬을 중단하지는 말자.

Mastering
The Rockefeller
Habits

# Part 9

브랜드 약속 마스터하기

# 가치 창조를 위해 가장 중요한
# 단 하나의 측정치가 무엇인지 정의하라

• • •

## | 경영자를 위한 요약 |

고객에게 정말 중요한 것은 무엇일까? 고객이 당신의 회사를 찾고, 충실하게 구매를 반복하게 만드는 요소는 무엇인가? 해답은 브랜드 약속이다. 브랜드 약속은 당신을 경쟁자와 다르게 보이도록 만든다. 브랜드 약속은 경영층의 다른 모든 의사 결정이 시작되는 지점이다. 이번 장에서는 경쟁력 있고 측정 가능한 브랜드 약속을 정의하기 위한 귀중한 팁을 공개하고자 한다. 실제 사례를 통해 성공적인 기업은 시간이 지남에 따라 어떻게 브랜드 약속을 발전하고 변화시키는지 알게 될 것이다. 끝으로 이 장의 말미에서는 당신의 비전에 걸맞은 브랜드 약속을 결정하는 데 도움이 될 도구를 얻을 수 있을 것이다.

페더럴 익스프레스가 관심을 끌며 등장했던 1980년대 초로 되돌아가 보자. 프레드 스미스Fred Smith의 신생 회사가 센세이션을 불러일으켰던 이유는 무엇일까? 무조건 밤새 배달하는 전략 때문이었다. 페덱스로 소포를 보내면 수령자는 다음 날 아침 10시에 물건을 받는다는 사실을 의심하지 않았다. 바로 이 점은 우체국만 존재하던 세상에서 페덱스를 매력적인 회사로 부각시켰다. 페덱스의 달성 가능한 브랜드 약속이었다.

페덱스의 오전 10시 배달 약속은 단순한 마케팅 구호를 뛰어넘어 모든 직원을 움직이게 하는 핵심 의사 결정이었다. 약속한 도착 시간을 지키기 위해 페덱스는 회사 비행기가 오전 2시까지 본사가 자리

잡고 있던 멤피스를 떠나야 한다는 사실을 알았다. 그 비행기가 정시에 뜨려면 보내려는 소포는 워싱턴 덜레스 국제공항에 오후 10시까지 도착해야 한다. 시간대를 좀 더 거슬러 올라가 우리집에서 가장 가까운 페덱스 박스 수거 시간은 오후 5시 15분이다. 그래야 오렌지와 자주색의 페덱스 트럭이 담당 노선을 돌아 공항에 도착할 수 있다. 스미스가 처음으로 사업 계획을 세우고 난 뒤부터 아주 최근까지 페덱스의 전략 전술은 오직 이 하나의 측정 가능한 브랜드 약속을 지키기 위해 존재했다. (요즘 스미스는 조금 다른 브랜드 약속을 내놓았다. 거기에 대해서는 나중에 언급하겠다.)

브랜드 약속을 정하는 일은 어느 회사에서든 결정적으로 중요한 순간이다. 고객이 반응하며, 매일 체크하고 실행할 수 있는 브랜드 약속을 선택하면 승리를 거머쥘 수 있다. 간단하다. 하지만 브랜드 약속을 잘못 고르면 목표를 달성하지도 못하고 아마 몇 년을 고생해야 할 것이다. 그렇다면 어떻게 회사에 알맞은 브랜드 약속을 선택할 것인가?

우선 한 페이지 전략 기획을 완성하라. 기획 피라미드에서 정의한 내용은 대부분 다음 작업의 기초가 될 것이다. 그리고 5장에서 정한 다섯 개의 우선순위와 으뜸 우선순위를 검토하라. 브랜드 약속이 이러한 목표 어딘가에 숨어 있는 것 같은 느낌이 들 것이다. 중요한 문서는 이 장의 끝부분에 나오는 '부가가치 워크시트'다. 여기 나오는

다섯 개의 질문은 일련의 사고 과정을 통해 브랜드 약속에 집중하는
데 도움을 줄 것이다. 그러나 내가 록펠러의 1등 전략이라고 즐겨 부
르는 미래 컨트롤 방법을 통해 한 단계 더 나아가보자.

## 원대하고 위험하며 대담한 목표를 생각하라

알맞은 브랜드 약속을 찾을 때 참고할 첫 번째 포인트는 '원대하
고 위험하며 대담한 목표'다. 이것은 당신이 10년 혹은 그 이상이 지
난 후에 완성하고 싶은 모습이다. 왜 하필 10년인가? 너무 멀리 있기
때문이다. 특히 신경제New Economy 관점에서 볼 때 아무도 당신의
목표에 의문을 제기하거나 논쟁하려 들지 않을 것이다! 이는 모든 것
을 정렬시키는 초점을 제공하여 회사의 비전 아래에 사람들을 결집
하는 중요한 열쇠다. '악의 제국' 소련을 물리치겠다는 로널드 레이
건 미국 대통령의 결의를 생각해보라. 어떻게 그 목표를 실현할 것인
지 묻는 사람은 거의 없었다. 그들은 단지 그 뒤에서 에너지를 쏟았
을 뿐이다. 그리고 거의 기적처럼 그 결의는 현실이 되었다.

경영에 있어서 원대하고 위험하며 대담한 목표는 거의 같은 방
식으로 작동한다. 나이키의 목표는 아디다스 무너뜨리기였고 이는
1970년대에만 해도 매우 어렵고 대담한 목표로 받아들여졌다. 스
타벅스는 코카콜라보다 더 큰 브랜드가 되는 것을 목표로 하고 있
는데 누가 그들이 성공하지 못할 것이라고 장담할 수 있겠는가? 우

리 스케일링업의 매우 어렵고 대담한 목표는 고객 수를 2만 개사로 늘리는 것이다. 그렇게 되면 우리 회사는 맥킨지나 아서 앤더슨처럼 엘리트 컨설팅 및 조직 개발 회사 가운데 하나가 될 것이다. 또 다른 훌륭한 예시를 보자. 스프링필드 리매뉴팩처링Springfield Remanufacturing('비즈니스라는 위대한 게임' 이론을 바탕으로 열린 경영을 실천한 회사)을 세울 때 창립자 잭 스택Jack Stack의 원대하고 위험하며 대담한 목표는 모든 직원이 집을 소유하고 아이들을 대학에 보내는 회사로 만들자는 것이었다.

그런데 내가 위에 언급한 모든 예시는 실현 가능하다. 원대하고 위험하며 대담한 목표는 브랜드 약속을 결정하는 기본 척도 역할을 한다.

## 보호 영역을 정의하라

다음으로 향후 3~5년 동안 당신이 바라는 영향력의 범위를 생각해보라. 한두 도시에 고객을 둔 지역 회사로 남을 운명인가? 아니면 지역을 뛰어넘어 전국에 걸치거나 어쩌면 세계적인 회사로 성장할 것인가? 이는 말처럼 분명한 결정은 아닐 수도 있다. 지역 회사가 될리 없고 아직도 엄청나게 큰 꿈을 품고 있다고 가정하지 마라. 무엇이든 가능하기 때문이다.

보호 영역을 지리적으로 정의하는 일을 마쳤으면 당신의 고객과 그들의 인구 통계적 정보에 대해 생각하는 시간을 가져라. 향후 3~5년 동안 누구에게 팔 것인가? 다른 사람에게 넘기고 싶은 고객이 있는가? 당신이 원하는 고객에게 접근하기 위해 특별한 기술이 필요한가?

끝으로, 논리적, 이성적 관점에서 얼마나 많은 제품군을 보유할 수 있는지 생각해보라. 회사를 위해 어떤 유통 채널이 가장 좋은지 파악하는 일도 잊지 말자. 물류에 대한 고려가 당신의 장기 목표를 좌우할 수 있다. 우리 스케일링업의 보호 영역은 전 세계적으로 주로 매출 500만~5억 달러(약 67억 원~6704억 5천만 원) 규모 기업에 코칭, 교육, 성과 플랫폼을 제공하고 매년 20퍼센트 이상 성장하는 것이다. 우리는 직접 판매 모델을 활용하며, 여섯 개 대륙에 걸쳐 200여 명의 코칭 파트너를 통해 서비스를 전달한다.

## 고객 니즈를 결정하라

당신이 정의한 보호 영역을 토대로 자신에게 물어보라. 고객의 가장 큰 니즈는 무엇인가? 나는 고객의 결핍을 묻는 게 아니다. 당신이 허용한다면 고객은 '원하고, 원하고, 또 원해' 당신을 파산으로 이끌 것이다. 당신이 찾아야 할 부분은 고객에게 진정 중요한 것이 무엇인가다. 동시에 그것은 당신이 경쟁자와 뚜렷한 차별성을 갖도록 만드는 무언가다. 스케일링업의 주요 고객 니즈는 습득한 지식을 바탕으로 행동을 취하는 것이다. 행동은 직원과 고객과 주주에 대한 회사의 가치를 증대시킨다.

당신의 원대하고 위험하며 대담한 목표와 일치하기 시작하는 지점은 바로 여기부터다. 나이키는 아디다스와 비교한 자사의 위치 - 아디다스에서 원하는 상품을 찾지 못한 고객은 무엇을 원할까? - 를 염두에 두었을 것이다. 페덱스는 지역 우편 서비스와 경쟁하면서 - 지역 우체국이 아니라 페덱스를 선택하는 고객은 어떤 혜택을 볼 수 있을까? - 라는 질문의 답을 고민했다. 일단 고객의 니즈가 실제로 무엇인지 명확하다면 당신은 측정 가능한 브랜드 약속을 찾는 데 성큼 다가선 것이다.

한 예로 잠시 상업용 가구 사업을 생각해보자. 사무용 가구 한 벌을 사면서 한 회사의 브랜드와 나머지 상위 세 개 경쟁사 상표를 구분하는 데 어려움을 느낄 때가 있을 것이다. 이럴 때 고객의 기본적인 니즈는 무엇일까? 만약 그 고객이 가구를 구매하는 시설 관리자라고 생각한다면 가장 먼저 필요한 것은 CEO와 경영진 팀의 나머지 사람들로부터 질책을 듣지 않는 것이다. 품질이나 스타일 문제로 호통치는 사람은 없을 것이다. 그 관리자가 봉변을 당하는 경우는 부품이 없거나 설치 문제가 있는 경우다. 그리고 관리자 주변에는 이러한 설비 관리의 세밀한 주요 사항에 있어서 어느 회사 제품이 뒤떨어지는지 얘기해주는 이들이 많다. 시설 관리자는 요컨대 "시설 관리자로서 당신의 평판을 보호하겠다"라고 말하는 회사와 거래할 것이다.

고객이 두 그룹으로 나뉘어 있을 때 고객 니즈를 결정하는 일은 더 어려워진다. 헤드헌팅 회사인 오리온 인터내셔널Orion International 이 그 예시다. CEO 짐 툴리Jim Tully는 회사의 측정 가능한 브랜드 약속을 만드는 과정에서 오리온의 구직 후보자들과 오리온을 먹여 살리는 기업 고객들 모두에게 공통된 관심 사항은 속도임을 깨달았다. 구직 후보자들은 회사를 찾고 고용하는 과정이 조속히 끝나기를 희망했다. 기업의 인사 담당자들은 비어 있는 자리를 오리온이 가능하면 빨리 채워주기를 원했다. 툴리는 이상적으로 두 고객 집단을 기쁘게 하고 자신을 경쟁자와 차별화하는 하나의 브랜드 약속을 찾을 필요가 있었다. 속도가 열쇠였다.

### 당신의 측정 가능한 브랜드 약속은 무엇인가?

오리온 인터내셔널의 짐 툴리에게 떠오른 측정 가능한 브랜드 약속은 그가 '14일 임무 완수'라고 부르는 것이다. 고객이 요청하면 단 2주 안에 채용 과정을 끝낸다는 의미다. 어떤 경쟁자도 그런 약속을 하지 않았기 때문에 그 약속은 오리온을 시장에서 돋보이게 만든다. 게다가 재무적으로도 도움이 되는 전략이다. 과거에는 완료하기까지 평균 60일 걸리던 업무가 지금은 평균 26일로 단축됐다. 기간이 줄어든 만큼 현금 수입이 늘어났다. '14일 임무 완수'를 시작한 지 몇 개월 만에 매출은 78.5퍼센트나 늘었다.

그러나 툴리의 브랜드 약속은 구직 과정이 끝날 때만 측정 가능한 것은 아니었다. 그와 회사 경영진은 측정 가능한 주요 수치가 더 일찍 나온다는 사실을 깨달았다. 마지막 인터뷰를 얼마나 했는지로 월말 실적을 꽤 정확하게 예측할 수 있었기 때문이다. 그러나 그들은 수치를 측정하는 데서 그치지 않았다. 툴리의 팀은 과정의 각 단계는 잠재적인 수익 창출 대상이라는 생각으로 구직의 전 과정을 되돌아보았다. 그들은 툴리의 말처럼 "어느 단계에서든 모든 것은 얼마간의 가치가 있다"라는 사실을 깨달았다.

새뮤얼 애덤스Sam Adams 맥주의 제조사인 보스턴 비어Boston Beer에는 다른 유형의 브랜드 약속이 있다. 창업자 제임스 콕James Koch은 집안 대대로 술 빚는 장인 출신인 만큼 그의 목표와 차별화 요소는 언제나 더 맛 좋은, 사실상 최고의 맥주를 만드는 것이었다. 이 브랜드 약속을 어떻게 하면 믿을 만하고 실현 가능하도록 만들 수 있을까? 정답은 주요 맥주 경연 대회에 나가서 승리하는 일이었다. 새뮤얼 애덤스는 1989년 소비자 선호도 조사가 중단될 때까지 4년 연속으로 승리했다. 그 이후에도 매년 '위대한 미국 맥주 페스티벌'의 블라인드 테스트에서 좋은 성적을 거뒀다. 1997년에는 같은 대회에서 전례 없이 3개의 금메달을 받았다. 게다가 새뮤얼 애덤스는 이 대회에서 14년 연속으로 적어도 한 개 이상의 분야에서 1등을 차지했다. 덕분에 보스턴 비어 컴퍼니는 어느 맥주 회사보다 메달을 많이 딴 회사가 됐다. 당연히 보스턴 비어는 세계에서 가장 상을 많이 받은 맥주에 오르면서 제품 마케팅에 성공했다.

명심할 부분은 브랜드 약속이 쉽게 달성되어서는 안 된다는 점이다. 조직에 어느 정도 스트레스를 유발해야 한다. 스케일링업의 브랜드 약속은 고객의 가치를 증대하는데 중요한 습관을 100퍼센트 구현하는 것이다. 99퍼센트가 아니라 100퍼센트다. 이 높은 기준을 달성하기 위해 우리 코치들은 열심히 일한다.

또 다른 웅장한 브랜드 약속을 보려면 인튜이트Intuit를 참고하라. 인튜이트는 개인과 중소기업을 위한 장부 관리 소프트웨어인 퀵큰 Quicken을 만든 회사다. 인튜이트의 첫 브랜드 약속은 사용의 간편성이었다. 이를 뒷받침하고 측정 가능하게 만들기 위해 인튜이트는 59달러짜리 소프트웨어를 팔면서 무한 지원을 약속했다. 물론 이런 약속이 디자이너와 관리자들을 동시에 가슴 떨리게 만들기도 했지만 조직에 최고의 성과를 이끌었다. 무제한 지원 약속은 제품을 만드는 방법에서부터 고객과의 의사소통 방안에 이르기까지 회사의 모든 결정에 영향을 미쳤다. 아예 고객이 전화할 필요가 없도록 하기 위해서였다. 덕분에 퀵큰은 튼튼한 성장의 발판을 마련할 수 있었다. 오늘날 인튜이트는 중소기업 회계 소프트웨어 틈새시장의 80퍼센트 이상을 점유하고 있다.

여기서 주의점이 한 가지 있다. 측정 가능한 브랜드 약속을 갈고

닦는 과정에서 마케팅 슬로건에 발목이 잡히는 어리석음은 피해야 한다. 이는 브랜드 약속을 개발할 때 혼란스러운 지점이 되기도 한다. 슬로건 문구에 얽매이지 말자. 순수하게 유지하라. 측정 가능한 산출물을 찾고 나면 슬로건 만들기는 마케팅 담당에게 넘겨라. 페덱스의 프레드 스미스가 내린 중요한 결정은 도착 시간을 약속하는 것이었다. 그런 경쟁상의 이점을 마케팅 슬로건으로 만드는 책임은 마케팅 회사에 있다.

## 장애물을 통제하라

드디어 내가 록펠러의 핵심 전략이라고 부르는 부분에 이르렀다. 그런 의미에서 질문 한 가지를 제시하겠다. 이제 당신은 브랜드 약속을 정하고 기반을 다졌으므로 이를 견고하게 하고 그 위치를 유지하기 위해 앞으로 무엇을 할 것인가? 장애물 혹은 조임목chokepoint(초크포인트, 요충지)을 찾아야 한다. 반드시 한두 개는 있을 것이므로 이를 날려 보내거나 위협을 무력화시킬 전략을 생각해야 한다. 예를 들어, 석유 사업 초기에 록펠러는 업계에서 정말 부족한 것은 석유(펑펑 쏟아지고 있었다)나 정제공장(하룻밤 사이에 천 개 이상이 불쑥 나타났다)이 아니라 석유를 담는 참나무통과 매우 구체적이게도 이런 참나무 조각을 묶는 쇠고리라고 판단했다. 그래서 록펠러가 처음으로 합병한 곳은 쇠고리를 만드는 기업이었다. 그 후 운송비가 수익성에 가장 큰 위협으로 떠오르자 록펠러는 에너지를 그곳에 집중시켰다.

인튜이트로 다시 돌아가서 퀵큰의 조임목 혹은 애로 지점이 어딘지 생각해보자. 장부 관리 소프트웨어를 잠시 이용해보면 알겠지만 청구액 계산에서 가장 다루기 힘든 부분은 인쇄된 수표를 프린터에 줄 맞추는 부분이다. 프린터마다 조금씩 다르기(달랐었기) 때문이다. 인튜이트는 모든 프린터 제품에 퀵큰 표준 사양을 설치하는 방법으로 문제를 해결했다. 이런 통찰력으로 퀵큰은 급성장하던 관련 시장에서 확실한 경쟁 우위를 누릴 수 있게 되었다.

보스턴 비어의 창업자 쿡은 맥주 원료인 홉 공급이 관문(초크포인트)이라고 믿었다. 사실 그는 샘 애덤스가 주요 맥주 대회에서 승리할 수 있었던 것은 독일 남부 바바리아주의 넓지 않은 특별 재배 지역에서 엄선해서 구입한 홉 덕분이라고 말해왔다. 당연히 세계에서 가장 큰 맥주 제조업체 중 한 곳이 이 지역의 땅을 사들여 특별한 홉의 공급을 독점하려고 시도했다. 하지만 쿡은 다행히도 그 정보를 입수했고 때마침 그 땅에 관한 자신의 권리를 되찾을 수 있었다. 조임목을 조절한 좋은 사례다.

관문을 통제하기 위한 스케일링업의 전략을 듣고 싶은가? 그건 좀 곤란하다. 여기서 그 전략을 공개하면 우리 스케일링업의 경쟁자들도 알게 될 것이기 때문이다.

## 모든 것은 변한다. 당신의 브랜드 약속마저도

자, 당신이 빈틈없는 소비자라면 페덱스가 이제는 오전 10시 배송이라는 브랜드 약속으로 고객을 끌어들이지 않는다는 사실을 아마 알고 있을 것이다. 왜일까? 상황이 변하면서 브랜드 약속 또한 달라졌기 때문이다.

여러 가지 면에서 볼 때 페덱스가 과거의 브랜드 약속을 변경한 이유는 자사의 성공 때문이었다. 오늘날 심야 배송은 미국 우체국까지도 참여할 정도로 보편화됐고 오전 10시 배송은 이제 흔하다. 한때 혁명적인 브랜드 약속으로 받아들여졌던 심야 배송을 하지 않으면 이제는 택배 시장에서 명함도 못 내밀게 됐다.

페덱스의 최근 브랜드 약속은 전보다 한 차원 더 높은 '고객 안심'이다. 페덱스의 측정 가능한 목표는 고객이 자신이 보낸 소포가 지금 어디에 있는지 언제든 알 수 있게 하겠다는 것이다. 이제 고객은 배송 추적을 원한다. 페덱스는 몇 년 전부터 이를 목표로 거의 10억 달러(약 1조 3393억 원)를 투자했다. 큰 고객이든 작은 고객이든 (컴퓨터에) 단말장치를 설치하면 배송 추적이 가능하도록 만든 것이다. 페덱스는 인터넷 미디어 회사 아메리카 온라인에서 경품을 제공한 것처럼 자사 소프트웨어가 담긴 디스크를 배포했다. 이제 브랜드 약속은 '정말 확실합니다'라는 마케팅 슬로건과 악어 사냥꾼이 등장하는 광고를 통해 팔리고 있다. 독사에 물린 악어 사냥꾼이 페덱스가 아닌 다른 업체로 해독제가 배송된 사실을 알고 (해독제가 늦게 도착할 것이라는 사실에 낙담해) 졸도하는 내용이다.

페덱스가 오전 10시 배송 보증을 중단하지 않았다는 사실에도 주목하자. 대신 배송 가격을 인상했다. 페덱스는 빠른 배송과 배송 추적 시스템을 통해 고객이 안심할 수 있도록 해준다. 몇 년이 지나면 빠른 배송, 배송 추적뿐만 아니라 다른 서비스가 또 추가될 것이다. 이전의 브랜드 약속이 점점 흔해질 것이기 때문이다. 페덱스처럼 한때 혁명적이라는 소리를 들었던 당신의 브랜드 약속도 언젠가는 평범해질 것이며 그 속도는 점점 더 빨라질 것이다. 지금부터 다음 단계의 부가가치 개선 작업을 시작하라. 당신이 하지 않으면 그렇게 하는 누군가에게 패배할 것이다.

측정 가능한 브랜드 약속은 중요하다. 브랜드 약속은 당신 회사를 대중의 마음속에 새긴다. 그것은 당신의 회사에 거대하고 기운을 북돋우는 무언가를 불어넣어 앞으로 나아가게 만든다. 브랜드 약속이야말로 모든 전략 전술 차원의 의사 결정을 할 때 참고가 되는 한결같은 잣대라는 말은 전혀 과장이 아니다. 당신의 대담한 목표를 고려하고, 보호 영역을 정의하며, 고객 니즈를 결정하고, 장애물 혹은 조임목을 통제하면 당신을 경쟁자와 차별화하는 측정 가능한 브랜드 약속을 얻을 수 있을 것이다. 나중에 경쟁자가 뒤따라와 새롭고 영감을 불러일으키는 브랜드 약속을 만들어 가격을 올리도록 당신을 압박할 때까지는 말이다.

**부가가치 워크시트**

- 당신의 원대하고 위험하며 대담한 목표는 무엇인가?

- 당신의 보호 영역 – 지역, 제품군, 유통 채널 – 은 어떻게 정의하는가?

- 고객의 결핍과 구분되는 가장 커다란 고객 니즈는 무엇인가?

- 측정 가능한(실현 가능한) 브랜드 약속은 무엇인가?

- 당신의 보호 영역/산업에서 장애물/부족/조임목은 무엇이고, 그것을 어떻게 통제할 것인가?

- 기술을 이용하기 위해 무엇을 할 것인가?

성장하는 기업의 가치를
상승시키기 위해 반드시 해야 할 것

Mastering
The Rockefeller
Habits

# Part 10

현금 흐름 마스터하기

# 비즈니스 모델의 현금 전환 주기 개선

• • •

## │ 경영자를 위한 요약 │

현금은 성장을 촉진하는 산소다. 또한 현금 전환 주기는 1달러가 어떤 항목(임대료, 공공요금, 마케팅, 급여 등)에 투입되어 여러분의 주머니로 되돌아오는 데 걸리는 시간을 측정하는 주요 성과 지표KPI다. 이번 장에서는 한 페이지 현금 가속화 전략 도구를 사용하여 기업이 CCC를 획기적으로 개선해 내부에서 창출한 현금으로 성장 자금을 조달하고 은행과/또는 투자자의 손아귀에서 벗어나게 해주는 몇 가지 방법을 공유하고자 한다. 각 90일간의 계획 과정에서 현금 흐름을 개선할 방법을 모색하고 분기별로 몇 가지 우선순위 중 하나로 관련 계획을 선택할 것을 제안한다. 지속적으로 회사의 현금 흐름을 개선하고 현금이 어떻게 사업을 통해 이동하는지 더 잘 이해하는 것이 회사 전체를 개선하는 강력한 원동력이 된다.

마이클 델은 회사를 빠르게 성장시키던 1990년대 중반 현금이 바닥날 지경에 이르렀다. 다른 많은 사업체가 성장하는 속도만큼 그는 빠르게 '빈털터리'가 되어 가고 있었다. 그때 그는 톰 메러디스Tom Meredith를 최고재무책임자로 영입했다. 메러디스는 델의 현금 전환 주기를 63일로 계산했다. 즉, 델이 1달러를 투자한 시점으로부터 비즈니스를 통해 다시 대차대조표로 현금이 유입될 때까지 63일이 걸렸다는 뜻이다.

90일마다 한 가지 현금 개선 전략에 집중한 메러디스는 10년 후 델을 떠날 때 현금 전환 주기를 마이너스 21일로 완성했다. 이는 회사가 어떤 일에 지출하기 21일 전에 1달러를 이미 받았다는 뜻이다.

델은 성장 속도가 빨라지면서 현금을 소비하는 대신 창출한 것이다. 그래서 창업자이자 CEO인 마이클 델은 2013년 회사를 비공개로 전환하는 데 기여할 충분한 현금을 보유하고 있었다(2018년에는 다시 상장해 델은 500억 달러를 벌어들였고 2021년 포브스는 이를 '세기의 거래'로 불렀다).

이번 장에서는 현금 전환 주기 개선을 통해 현금 흐름을 가속화하는 전략에 대해 알아보자.

## 현금 전환 주기

모든 기업이 마이너스 현금 전환 주기를 가질 수 있는 것은 아니지만 델의 사례를 통해 회사의 현금 전환 주기를 긍정적인 방향으로 나아가게 할 영감을 얻을 수 있다. 문제는 현금 전환 주기를 개선하기 위한 방법을 찾는 것이다. 예를 들어 오스틴에 본사를 둔 마이크로소프트 중심의 IT 컨설팅 회사인 캐터펄트 시스템즈Catapult Systems는 고객들에게 30일 주기로 요금을 청구했지만 직원들은 한 달에 두 번 월급을 받았다. 창립자이자 회장인 샘 구드너Sam Goodner는 이를 '끔찍한 현금 흐름'이라고 불렀다. 그는 90퍼센트 이상이 변화에 동의한다는 사실을 파악한 후 고객들에게 한 달에 두 번 청구서를 보내기 시작했고 즉시 현금 흐름은 거의 두 배로 늘었다.

현금 전환 주기를 다루기 위해 먼저 닐 C. 처칠과 존 W. 멀린스의

〈하버드 비즈니스 리뷰〉 기사 '당신의 회사는 얼마나 빨리 성장할 수 있는가?How Fast Can Your Company Afford to Grow?'를 읽자. 기사는 팀원들이 회사의 전반적인 현금 전환 주기를 계산하는 데 도움이 되는 공식을 제공하고 '현금'을 다룬 이 책의 마지막 장에서 강조한 다양한 금융 수단을 다룬다.

참고: 연쇄 창업가이자 런던 비즈니스 스쿨 교수인 존 멀린스는 그 후《빈손으로 창업하라》(해조음, 2016)라는 제목의 책을 썼다. 제목이 모든 것을 말해준다! 사업의 현금 측면을 더 자세히 보고 코스트코처럼 고객이 성장에 자금을 지원하도록 하는 방법을 파악할 수 있을 것이다.

## 현금 가속화 전략

팀원들이 현금 전환 주기를 개선할 방법을 모색할 수 있도록 돕기 위해 우리는 '현금 가속화 전략'이라는 한 페이지짜리 도구를 만들었다. 이 도구는 현금 가속화 주기를 크게 네 가지로 나눈다.

대부분의 사업체는 이러한 현금 사이클 구성 요소들 각각의 어떤 측면을 가지고 있을 것이다. 심지어 서비스 기업도 활용도가 낮은 직원이 있다면 일종의 재고를 보유하고 있는 셈이다. 다룰 수 있는 부분은 이러한 구성 요소들의 순서인데 어떤 구성 요소는 다른 구성 요소들과 중복되거나 다른 순서로 발생한다. 예를 들어, 델처럼 대금을 전액 사전에 회수하도록 비즈니스 모델을 구조화했다면 대금 청구 및 지급 주기는 판매 주기 이후에 발생하지만 생산 및 납품 주기 이전에 발생한다. (즉, 델은 컴퓨터가 판매된 후에만 재고 소유권을 갖기로 합의했다.)

우리는 경영진들이 이러한 각각의 현금 순환 구성 요소들을 개선할 수 있는 묘안을 마련하기 위해 매달 한 시간 또는 그 이상을 할애할 것을 권장한다. 이는 매달 반나절에서 온종일 열리는 지도부 회의에서 더 광범위한 중간 지도부 팀과 처리할 수 있는 매우 효과적인 활동이다. 회사에서 현금이 어떻게 흘러가고 각 기능이 어떻게 긍정적으로 기여할 수 있는지에 대해 모든 사람이 더 잘 이해할 수 있도록 도울 것이다.

### 기회의 영역

• 첫째, "이것이 우리 업계의 방식일 뿐이다."라는 말은 그만하자.

- 사용 가능한 현금을 매일 보고하고, 지난 24시간 동안 왜 변화했는지 간단히 설명하고, 매주 매출채권과 매입채무를 비교하여 도표로 작성하라. 매일 현금이 어떻게 흘러가고 있는지를 보면 사업에 대해 훨씬 더 많은 것을 배울 수 있을 것이다. 만약 더 빨리 지급받고 싶다면, 요청하라. 작은 회사들은 대기업(그리고 정부)에 요청, 요청, 또 요청하면 훨씬 더 빨리 지급할 것이고 심지어 중도 상환하리라는 사실을 알게 될 것이다.
- 제때 또는 미리 지불하는 고객에게 가치를 되돌려주자.
- 송장을 좀 더 빨리 꺼내라. 회계 담당자를 한 명 더 고용해 송장 처리가 시기적절한지 확인하고 결제 내역을 추적하라.
- 납부 기한이 도래하기 5일 전에 친절하게 알림장을 보내라. 체계적이지 않은 수많은 고객이 알림장을 고마워할 것이며 결국 납부 시간이 빨라지게 된다.
- 송장이 반복되는 경우 고객으로부터 반복 신용카드 승인을 받아 정기 결제를 자동화하라.
- 고객이 왜 늦게 지불하는지 파악하라. 고객이 제품이나 서비스에 만족하지 않을 수도 있다. 또는 송장에 오류가 반복적으로 발생하거나 고객의 자동 송장 처리 시스템을 통해 처리되도록 구성되어 있지 않을 수도 있다.
- 각 고객의 결제 주기를 이해하고 청구 시간이 일치하도록 하라.

- 비용을 되도록 신용카드로 지불하면 당신이 돈을 벌 수 있다. 고객이 신용카드로 결제하도록 하면 현금 흐름이 느린 고객도 빠르게 결제할 수 있다.
- 고객이 현금 흐름을 개선해 제때 지불할 수 있도록 돕는다. 예를 들어 임대 옵션을 제공하라.
- 제품이나 서비스 제공 주기를 단축하라. 여러분 모두는 일종의 '진행 중인 작업'을 가지고 있다. 프로젝트를 빨리 완료할수록 더 빨리 수익을 얻는다.
- 가치 있는 제품 또는 서비스를 제공해 고객에게 어느 정도 영향력을 가지고 있으면 고객이 더 빨리 비용을 지불할 수 있다.
- 이윤과 이익을 개선하면 현금이 개선된다는 사실을 기억하라.

참고: 이 책의 저자 버네처럼 최고재무책임자나 관리자가 매일같이 현금 보고서를 내도록 하라. 최고재무책임자는 지난 24시간 동안 사업장을 드나든 현금의 출처와 액수, 그리고 다음 달의 예상 현금 흐름을 요약해야 한다. 현금을 최우선으로 생각하고 잘못된 방향으로 가고 있는 경우 수일에서 수개월 이내로 빠르게 대응할 수 있게 해준다. 매일 현금이 드나드는 출처를 관찰하는 것은 사업의 재무 모델에 대한 진정한 통찰력도 제공한다.

이러한 아이디어는 대부분 개선할 수 있는 세 가지 일반적인 범주

로 나뉜다:

1 주기 시간을 단축하라.
2 실수를 없애라.
3 비즈니스 모델을 바꿔라.

여러분의 사고를 더욱 자극하기 위해 현금 흐름을 개선하는 데 도움을 줄 수 있는 각 범주별 몇 가지 아이디어는 다음과 같다.

## 주기 시간 단축

회사가 하는 모든 일의 속도를 높이면(예: 고객 관심사에서 완료 거래까지 전체 주기를 완성하는 데 걸리는 시간 줄이기) 현금 전환 주기에 도움이 된다. 이것이 바로 우리가 도요타의 린Lean 프로세스(좀 더 많은 가치를 창출하는 동시에 비생산적인 활동을 찾아내 제거하는 프로그램-옮긴이)를 비즈니스의 모든 측면에 적용하길 좋아하는 이유다. 낭비되는 시간을 없애는 일에 중점을 둔 이상적인 도구이며 프로세스를 개선하고 직원 생산성을 높이며 현금 흐름 가속화에 이상적이다.

판매 과정에 특히 주의를 기울이자. 당신은 아마 고객을 확보하는 데 엄청난 돈과 시간을 소비하고 있을 수 있다. 골드만 삭스와 같은 회사들은 빅토리아 메드벡Victoria Medvec의 협상 기술을 이용해 판매

주기를 몇 달에서 몇 주로 그리고 몇 주에서 며칠로 줄였다. 거래가 더 빨리 성사될수록 현금이 더 빨리 흐르기 시작하고 여러분은 경쟁자가 될 사람들을 저지할 수 있다.

생산 측면에서 과거 델이 공장을 가지고 있던 시절에는 생산직 노동자가 몇 분 만에 컴퓨터를 조립할 수 있었고 회사는 불과 며칠 치의 재고만 보유하고 있었다. 이렇게 빠른 재고 전환과 생산 속도는 델의 현금 전환 주기 개선에 크게 기여했다.

많은 회계 부서가 일손 부족으로 송장 전송과 청구서 회수가 지연되기도 한다. 캐터펄트 시스템즈는 현금 흐름을 개선하기 위해 매달 두 번씩 청구할 뿐만 아니라 다른 대부분의 회사들보다 더 빨리 회수한다. 회장이었던 구드너는 이렇게 설명한다. "우리 회계 부서의 회수 담당자는 고객사의 결산팀과 개인적 친밀감을 형성하기 위해 열심히 일한다. 그녀는 엄청나게 매력적이고, 누구에게나 호감을 주는 사람이다. 문제가 없는지 확인하기 위해 그녀는 수표 마감 5일 전부터 고객사의 회계 부서에 전화를 걸기 시작하며 프로젝트에 문제가 없다는 사실을 전한다. 그리고 무슨 일이 생길 경우를 대비해 자신의 전화번호를 알려주면서 '다음 주 수표 회수를 기대합니다.'라고 말한다." 그리고 만약 수표 수령이 늦으면 캐터펄트 시스템즈의 회수 전문가는 다음날 고객에게 전화를 건다. 회계 부서의 자원을 강화하는 이유는 바로 이런 점 때문이다.

구드너는 캐터펄트 시스템즈가 제때 지급받는 비율이 '믿기 힘들 정도로' 높은 이유는 바로 이런 접근 방식 덕분이라고 설명한다. "우리는 제때 요청한다."라고 그는 덧붙였다.

한편, 호주의 한 회사는 고객들이 청구서를 제때 지불하면 고객 계좌에 감사의 표시로 비싸지 않은 복권을 보낸다. 이렇게 하면 고객들에게 내야 할 청구서가 쌓여 있더라도 이 회사의 청구서는 마법처럼 맨 위에 오를 수 있다! 만약 이런 방법이 당신이 속한 업종이나 지역에서 눈살을 찌푸리게 하거나 불법으로 간주될 수 있다면 미지급금이 있는 사람들에게 감사를 표하는 연하장을 보내는 방법으로도 같은 효과를 얻을 수 있다. 요점은 미지급금이 있는 사람이 자신의 계좌에 관심을 기울이도록 하는 것이다!

또한 청구서에 '30일 후 지불'이라는 일반적인 문구를 포함하기보다 구체적인 지불 기한(예를 들면 5월 31일)을 명시하라. 청구서가 지불되기 전 고객사 상급자의 서명이 필요할 수도 있는데 이 서명이 접수되면 30일 시계가 시작된다. 납부 기한이 정해져 있다면 전날까지 서명을 받지 못했더라도 담당 직원은 서명이 지정된 날짜에 납부를 허가한 것으로 간주하고 즉시 납부할 것이다.

영업, 생산, 서비스 제공, 청구 및 회수 등 조직 내의 모든 프로세스를 살펴보고 현금을 더 신속하게 이동시키고 처리할 수 있는 방법을 찾아보자.

## 실수 제거

실수만큼 고객을 화나게 하는 일은 없다. 실수는 고객들이 지불을 늦추는 첫 번째 이유다. 그리고 완료되지 않은 주문, 송장 오류, 그리고 마감 시한을 놓치는 일은 비용이 많이 들 뿐만 아니라 속도를 높이고자 하는 프로세스들을 지연시켜 현금 흐름을 악화시킨다.

캐나다 앨버타에 있는 솔즈베리 조경회사Salisbury Landscaping의 3대 CEO인 아담 스프룰Adam Sproule은 완벽한 현금 전환 주기를 유지해왔다. 그가 사용해온 접근 방식은 지난 25년이 넘는 기간 동안 현금 전환 주기를 최적화하는 데 도움을 주었다. 솔즈베리 조경회사는 보증금을 미리 확보하는 일 이외에도 (프로젝트가 완료되는 즉시 최종 결제 완료) 업계 관행보다 훨씬 유연한 방식으로 작업을 신속하게 마무리할 수 있는 운영 관행을 도입했다. 이로 인해 솔즈베리는 보증금과 지불금 회수를 더 쉽게 한다는 평판을 얻게 되었다.

조경이나 건축 분야의 무역업자들은 보통 2~3개의 작업을 동시에 수행하므로 고객들은 무슨 일이 일어나고 있는지, 왜 그 프로젝트가 아직 끝나지 않았는지 궁금해하게 하기도 한다. 스프룰은 "우리 고객들은 그 관행에 진정으로 불만을 품고 있다"라고 설명한다. 대신 솔즈베리의 작업반들은 한 번에 한 가지 작업에 집중하고 가능한 한 빨리 끝낸다. 스프룰은 "우리는 살아 있는 식물을 다루므로 빨리 끝내기를 원한다"라며 "그렇게 하지 않으면 고객들이 큰 혼란을 느끼고, 우리가 시간을 끌수록 더 많은 문제가 생길 것이다"라고 덧붙인다.

작업반이 떠나자마자 팀의 한 구성원은 일이 완벽하게 마무리됐는지 확인하기 위해 고객과 함께 직접 확인한다. 스프룰은 "부족한 점이 몇 개 되지 않더라도 반드시 기록한다"라며 부정적인 인식을 피할 수 있도록 결함의 수정을 '조정'으로 표현하도록 직원들에게 권장한다고 설명했다.

"그리고 '조정' 목록을 작성한다. 우리는 매우 효율적으로 일하기 때문에 고객이 우리를 의심할 이유가 없다. 그래서 대개 고객들은 일이 몇 가지 남아 있더라도 둘러본 후 전액을 즉시 치른다."라고 스프룰은 말한다. 또한 솔즈베리는 다음 프로젝트에서 같은 실수를 하지 않도록 부족한 부분을 발생시킨 동일한 팀원을 보내 조정을 빠르게 처리하도록 한다.

(2018년 메디컬 솔루션스로 합병된) PPR 탤런트 매니지먼트 그룹은 송장 처리의 정확성 향상을 통해 매달 100만 달러(약 13억 4890만 원)의 비용을 절감했다. PPR 탤런트 매니지먼트의 송장 처리는 각기 다른 정책과 작업 시간표 프로토콜을 사용하는 1천 개 고객사(주로 병원)의 요구를 충족시키는 작업으로 인해 매우 복잡했다. 그 결과 PPR 매니지먼트가 송장의 오류를 정리하는 동안 고객들은 지급을 미뤘다. 이 문제를 해결하기 위해 PPR 매니지먼트는 지급 부서와 관계를

구축할 뿐만 아니라 각 병원의 청구서 코드에 맞게 송장을 맞춤화할 수 있는 사람을 추가로 고용했다. 전 CEO 드와이트 쿠퍼Dwight Cooper는 "프로세스를 변경하고 올바르게 처리했을 때 고객과의 신뢰 수준이 빠르게 상승했다."라고 말한다.

그러던 중 경기 침체가 찾아왔고 2009년까지 이어지면서 쿠퍼는 "우리는 현금에서 눈을 뗐다"라고 말한다. 이제 적어도 현금 관점에서 볼 때는 전체 비즈니스 모델을 바꿔야 할 때였다.

## 비즈니스 모델 변경

PPR 탤런트 매니지먼트의 경우 회수는 문제가 되지 않았다. 처음부터 적절한 조건을 갖추고 있었기 때문이다. PPR 매니지먼트는 사업을 키우기 위해 현금이 필요했으므로 고객들에게 선결제를 요청했다. 쿠퍼는 "많은 고객으로부터 긍정적인 답변을 들었을 때 우리는 기분 좋게 놀랐다"라고 표현했다.

비즈니스 모델에 적용할 수 있는 많은 수정 사항이 현금 전환 주기에 긍정적인 영향을 미친다. 가장 큰 결과를 가져오는 두 가지는 코스트코에서 청구하는 회비처럼 고객이 사업 자금을 대도록 하거나 델의 재고 관리처럼 공급업체를 이용하는 방법이다.

대출이나 투자자 이외의 현금 출처에 관해서는 이 책의 저자 버네가 쓴 '당신이 가지고 있는 줄도 몰랐던 돈 찾기'(Finding money you didn't know you had)라는 제목의 〈포천 스몰 비즈니스Fortune Small Business〉기사를 참조하자.

## 수익성 개선

베네통 인디아Benetton India 역시 2009년에 경제 침체의 위기를 겪은 후 대대적인 비용 절감 계획에 착수했다. 베네통 인디아 프라이빗사의 최고경영자인 산지브 모한티Sanjeev Mohanty는 판매업체들이 소프트웨어 및 정보 기술 서비스 회사인 아리바로부터 구매한 상거래 소프트웨어를 이용해 계약에 응찰하도록 요청했다. "다들 처음에는 우리가 품질을 잃게 될 거라고 말하면서 매우 회의적이었다." 게다가 일부 공급업체는 10년 이상 베네통 인디아에 물품을 공급해왔고, 잘 작동하는 듯 보이는 일에 지장을 주지는 않을지 우려하는 경영진도 있었다.

그러나 모한티는 고집스럽게 밀어붙였고 결과적으로 상당한 비용 절감이 이루어졌다. 예를 들어 베네통 인디아는 기존 공급 업체를 포함해 여섯 개 업체를 초청해 쇼핑백 계약 입찰을 진행했다. 공급자들은 아리바를 이용해 입찰을 진행하면서 다른 회사의 입찰을 확인할 수 있다. 보통 전체 입찰 과정은 몇 시간이 걸릴 수 있지만, 집행팀이 실시간으로 지켜보는 가운데 라운드는 32분 만에 마감되었다. 베네통은 쇼핑백 한 개당 52센트를 지불했었지만 최종 입찰가는 34센트로 마무리되면서 엄청난 비용을 절감했다. 놀랍게도 기존 공급자가 가장 낮은 입찰액을 제공한 덕분에 베네통 인디아는 절감된 비용의 혜택 외에도 쇼핑백의 품질을 동일하게 유지할 수 있었다. 오늘날 회사 직원들은 1만 달러 이상의 상품이나 서비스를 조달하기 위해선 아리바를 이용해야 한다. 최근 한 해 동안 베네통 인디아는 이 조달 과정을 통해 120만 달러(약 16억 1928만 원)를 절감했다.

다시 말하지만 대차대조표에 관리 비용을 지출하지 않는 한 수익성이 개선되면 현금 흐름 역시 개선된다. 모든 거래에서 현금이나 신용카드 결제 대금을 회수하는 맘스 오가닉 마켓이나 베네통 인디아와 같은 소매업체의 경우 실질적으로 유일한 내부 금융 현금 레버리지는 기업의 손익Profit&Loss 측면에 있다.

최근 금융위기 동안 신용 한도가 고갈될 것을 우려하여 맘스 오가닉 마켓의 CEO 스콧 내시Scott Nash와 팀원들은 수익성 개선(가격 책정, 구매 등 강조)에 초집중했다. 오늘날 업계 평균 수익성의 4배를 달성한 메트로 워싱턴에 본사를 둔 맘스 오가닉 마켓은 지속적인 확장을 위한 자금 조달을 위해 자유로운 영업 현금 흐름을 늘렸다. 캐터필트 시스템즈의 구드너는 회사가 재화와 서비스에 대해 지불하고 있는 금액을 면밀히 조사하기 위해 6개월마다 한 번씩 회계 직원과 회의를 통해 비용 절감 효과를 얻었다. 경비, 일회성 비용 그리고 반복되는 비용을 이해하는 일은 합산 비용 절감으로 이어진다. 구드너는 "내가 절감할 수 있는 금액은 아마도 일 년에 수만 달러이지만 회사는 그 차이를 느끼지 못한다"라고 말한다. 예를 들어 회사가 생수 서비스 비용으로 사무실마다 매달 600달러(약 80만 원)를 지불하고 있다는 사실을 깨달았을 때 그 비용의 10분의 1밖에 들지 않는 상업용 정수기를 구입하기로 결정했다. 그는 "재발하는 비용은 실질적으로 당신을 나락으로 이끈다"라며 "끊임없이 반복 청구되는 모든 항목은 승인이 이루어지기 전에 내가 직접 처리한다."라고 말한다.

### 캐시(Cash Acceleration Strategy) 툴 완료

1 닐 처칠과 존 멀린스가 쓴 '당신의 회사는 얼마나 빨리 성장할 수 있는가?(How fast can your company afford to grow?)'라는 제목의 〈하버드 비즈니스 리뷰〉 기사를 읽어보라.

2 기존 현금 전환 주기를 일 단위로 계산한다.

3 현금 전환 주기의 추가 날짜마다 자금을 조달하는 데 필요한 현금 금액을 계산한다.

4 한 페이지로 된 현금 가속화 전략 도구를 사용하여 현금 전환 주기와 이 '현금' 섹션의 마지막 장에서 강조한 일곱 가지 재무 수단을 개선하는 방법을 브레인스토밍한다. 현금 전환 주기의 각 부문에 대해 주기 시간 단축, 실수 제거, 비즈니스 모델 변경 등 세 가지 범주 모두에서 방법을 탐구해야 한다.

**5** 분기별 우선순위(핵심 사항) 중 하나로 90일마다 한 가지 현금 개선 계획을 선택하라.

이렇게 상상해보자. 당신은 3천만 달러(약 404억 9400만 원) 규모의 사업을 운영하고 있으며 현금 전환 주기가 30일 이내에 개선되었다고 상상해보자. 이제 은행 계좌에 250만 달러(약 33억 7500만 원)가 추가로 들어 있고 다음과 같은 일을 할 수 있다.

**1** 운영 신용 한도를 지불한다.
**2** 주주들에게 배당금을 지급한다.
**3** 성장 계획을 뒷받침할 새로운 프로젝트에 투자한다.
**4** 완벽한 기회를 찾을 때까지 기다린다.
**5** 어려운 시기를 대비해서 보험으로 보관한다.

현금 전환 주기 개선의 가장 좋은 부분은 대개 사업이 더 빠르게 회전하고 고객에게도 더 유익하다는 점이다. 또한 관리자들이 자신의 결정이 현금흐름에 미치는 영향에 대해 더 잘 알게 되면서 사업에 대한 지식이 향상될 것이다. 그리고 은행에 더 많은 현금이 있으므로 당신이 사업을 확장할 때 모두가 불안해하지 않는다. 당신을 자유롭게 하고 시장에서 확고한 힘을 갖게 해줄 것이다.

현금 흐름과 수익성 개선의 관건은 사업의 회계 측면에 더 많은 투자를 하는 일이다. 데이터가 없으면 현명한 결정을 내리기 어렵다.

## 회계: 과소평가

성장 기업의 약점 1위가 마케팅이라면 2위는 회계 문제다. 회계는 평가절하되는 경우가 많다. 세금징수원들의 접근을 막고 청구서를 제출하고, 징수하고, 납부하고, 월별 회계결산서를 제공하는 일은 필요악으로 비치는데 이 항목들은 기껏해야 손익계산서의 맨 밑줄에 있어 대충 훑어보기 일쑤다.

결과적으로 회계 자금이 부족한 경우가 많다. 대부분의 기업가들은 지출할 추가 수익이 있다면 제조나 판매에 투자한다. 돈을 유용하게 사용하는 방법이기 때문이다. 하지만 우리는 기업인들이 회계에 조금만 더 관심과 자원을 쏟은 결과 (록펠러는 교육받은 회계사였다는 사실을 기억하라) 수익과 현금이 1년 안에 두 배로 증가하는 사례들을 목격했다. 최고재무책임자를 지원하거나 그의 업무를 일부 담당할 한 명만 추가로 고용하면 다음과 같은 내용이 가능하다.

1 현금 및 현금 흐름 관리 개선
2 더 세분화된 회계 데이터 공유로 더 나은 의사 결정이 가능하게 하는 폭포형 그래프(아래 설명 참조)

**3** 더 나은 예측을 지원하기 위한 추세 분석 및 조기 경보 시스템

**4** 정당한 이유에 따른 장부 두 세트!

## 폭포형 그래프

주요 회계 활동은 회사의 재무 데이터를 최대한 세부적으로 분석하는 것이다. 이를 통해 지도부는 매출총이익, 이익 및 현금흐름을 개별 고객, 위치, 제품군, 영업사원 등 범주별로 볼 수 있다. 회계사들은 폭포형 그래프(다음 도표 참조)를 작성함으로써 이런 업무를 수행한다.

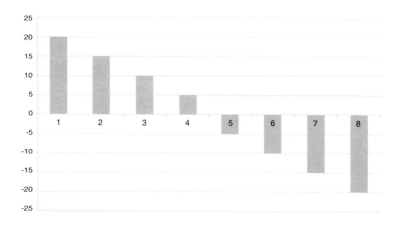

참고: 세로축은 매출총이익 또는 이익률을 측정할 수 있고 가로축은 특정 고객, 지역, 영업사원, 제품 라인 또는 스큐(상품관리 또는 재고

관리를 위한 최소 분류 단위-옮긴이)를 나타낼 수 있다.

경영진은 이 그래프를 통해 회사가 한정된 사업 부분에서 많은 돈을 벌고 있고 다른 부분에서는 일부 또는 큰 손해를 보고 있으며 그로 인해 매출총이익이나 수익성이 보통 수준이라는 사실을 알게 된다. 대부분 경영진이 시간과 관심을 기울이게 되는 부분은 수익성이 떨어지는 사업부이다. 델의 최고재무책임자 톰 메러디스가 마이클 델과 경영진에 제시한 폭포형 그래프들은 비즈니스 모델을 바꾸고 그들이 속한 제품군과 유통 채널의 40퍼센트를 벗어나도록 설득하기 위한 자료였다.

휴스턴에 본사를 둔 사모펀드 회사 턴웍스TurnWorks Inc.의 회장인 그렉 브레네먼Greg Brenneman과 같은 기업회생 전문가들 역시 이러한 데이터에 의존해 수익성이 낮은 항목을 제거한다. 콘티넨털 항공에서는 수익성이 없는 노선을 제거하고 퀴즈노스 레스토랑 체인에서는 수익성 낮은 메뉴 항목을 제거했다.

그런데 왜 우리는 계속해서 이런 패배자와 같은 사업부를 붙잡고 있는가? '전략적인 이유'라는 변명 때문이다! 하지만 장기간에 걸쳐 많은 돈을 잃는 것이 무슨 전략인가? 애플사는 손해를 감수해가며 휴대용 컴퓨터를 파는 것이 전략적인 조치라고 쉽게 주장할 수 있었지만 스티브 잡스는 회사 경영에 복귀한 뒤 제품군을 정리했다. 로스 리더(미끼상품, 특매품-옮긴이)가 필요하다면 최소한으로 유지해야 하며 회계상 마케팅 비용으로 처리되어야 한다. 이 같은 흔한 전략적 실수에 대한 더 많은 통찰력이 필요하다면 콘티넨털 항공사의 기업 회생에 대한 브레네먼Brenneman의 〈하버드 비즈니스 리뷰〉 사례 연구를 읽어보라.

## 동향 분석

리더의 근본적인 책임은 예측이며, 적절한 결정을 내리기 위해서는 시장의 빈번한 정량적 데이터와 정성적 피드백이 모두 필요하다. 우리가 언급했듯이 1주일 이상 된 모든 데이터는 역사 속으로 사라질 자료이며 고도로 연결된 세계 경제에 필요한 신속한 의사 결정을 내리는 데 유용하지 않다.

그런 점에서 회계 기능은 매우 중요하다. 회계 기능은 경영진이 가까운 미래를 내다보는 데 도움이 될 수 있는 보고서와 그래프를 제공해야 한다. 예를 들어 우리 회사는 전기용품 유통업체의 최고재무책임자가 주요 고객들의 다양한 제품군 구매를 모니터링할 수 있도록 (눈에 거슬리는 엑셀 스프레드시트 대신) 주간 막대 차트를 만들도록 도왔다. 이 부문은 회사 수익의 80퍼센트를 차지했다.

몇 달 후 그 회사는 고객 중 한 명이 주문 크기를 천천히 줄이고 있다는 사실을 파악했다. 무언가 잘못되었다는 조기 경고였으므로 회계 담당자가 평소보다 더 빨리 후속 조치를 취하도록 주의를 환기

했다. 그 회사는 또한 경영진이 이런 시각적 데이터를 월간 또는 분기별이 아니라 매주 보고 있었기 때문에 특정 제품군의 인기 변화와 같은 다른 경향을 더 빨리 알아차리고 행동했다.

### 매핑 소프트웨어

영업 및 마케팅 사무실과 CEO 사무실에서 봤던 압정이 꽂힌 지도들은 모두 어디에 있을까? 우리는 회사들이 지도를 더 많이 사용하길 바란다. 데이터 매핑은 당신이 다른 방식으로는 식별하지 못했던 패턴을 시각화하는 데 도움이 된다. 예를 들어 우리 스케일링업은 코칭 파트너가 있는 도시를 기준으로 축척 데이터베이스를 지도로 표시해 어디에 빈틈이 있는지 즉시 파악할 수 있다.

배럿 어서크는 지도와 마이크로소프트의 강력한 맵포인트 소프트웨어(2015년 빙 맵스로 대체됨)를 사용해 잔디 관리 사업에서 어디서 매출이 생성되고 회신을 받는지 패턴을 확인했다.

매핑 소프트웨어를 사용하여 교체할 수 있는 엑셀 스프레드시트의 수를 확인하고 회계 팀이 더 많은 지도를 만들도록 권장하자.

### 장부 두 세트

회계장부 한 세트는 재무회계기준위원회와 세무 당국의 규정을 만족시키는 데 필요하다. 그러나 이러한 규정만을 근거로 사업상 의사 결정을 내려야 하는 경우는 드물다. 예를 들어 컴퓨터 하드웨어와 소프트웨어는 세무 목적으로 수년에 걸쳐 상각될 수 있다. 그러나 마이클 델은 사업부가 빠른 성과를 내는 솔루션만을 구현하기를 원했다. 그래서 내부적인 목적으로 델은 12개월 이내에 모든 기술 비용을 부서의 손익에 대한 비용으로 처리했다.

이 주제에 대한 더 자세한 내용을 알고 싶은 최고재무책임자라면 토머스 스튜어트Thomas Stewart의 고전《지적 자본: 조직의 새로운 부 *Intelligent Capital: The New Wealth of Organizations*》를 읽어보라. 특히 부록에서 그는 오늘날 우리가 따르는 많은 재무회계기준위원회 규정을 생성한 제조업 경제보다는 정보 기반 경제에 더 잘 부합하는 구체적인 회계 규칙을 제안한다. 예를 들어 소프트웨어는 몇 년에 걸쳐 상각할 수 있지만 소프트웨어가 제공된 분기에 직원 교육 및 개발 비용은 지출해야 한다. 스튜어트는 어떤 비용이라도 더 긴 기간에 걸쳐 정당하게 상각될 수 있다면 그것은 교육이라고 강력하게 주장한다. 오늘날 당신의 팀이 배우는 아이디어는 수년 동안 계속 영향을 미칠 것이다.

핵심은 회사를 운영하고자 하는 관행과 규칙을 정하고 회계를 통해 내부 장부를 조정하여 지원받도록 하는 것이다. 스튜어트의 책을 지침서로 삼아 21세기에 집중하는 조직을 성장시키자.

## 매출총이익 금액

손익에 있어서 수익은 허영심(그리고 가장 약한 숫자)이다. 대신 수익에서 모든 비노동 직접 비용을 뺀 매출총이익의 재정의된 버전에 초점을 맞춰라. 매출총이익에 대한 이러한 정의는 비즈니스의 진정한 경제적 수익을 제공한다.

이를 이해하는 일은 하청 업체를 활용하거나, 자재비가 많이 들거나, 이윤이 낮은 유통업체로 운영되는 사업의 경우 특히 중요하다. 모든 판매에 대해 10퍼센트의 수수료를 받는 400만 달러(약 53억 9680만 원)의 유통업체나 자재 및 하청 업체의 비용이 많이 드는 맞춤형 주택 건설 업체가 400만 달러의 서비스 업체와 비교할 방법은 없다. 본질적으로 수익에서 지급되는 비노동 직접비용은 단순히 통과 비용에 불과하다. 당신은 분명 그것들을 최상의 가격으로 얻고 싶지만, 일반적으로 비즈니스 모델에서 부족한 이익을 보충할 만큼 가격을 움직일 수 없다. 수익이 조직을 통과하는 총 급여액을 의미하는 고용 대행업체나 전문직 종사자 조직에서도 마찬가지다. 사업을 운영하는 데 필요한 순 달러는 이 금액의 극히 일부에 불과하다.

대부분의 서비스 기업에서는 수익 대신 매출총이익 금액이 새로운 주요 초점이 된다. 이를 통해 기업은 노동 달러당 매출총이익이 가장 높은 기회를 찾을 수 있다. 이는 손익분기점에서 10퍼센트 이상의 수익성으로 나아가는 핵심 단계다.

수익에 집착하지 말고 내부 논의를 사업의 실질적인 핵심인 매출총이익 창출로 전환하라. (원한다면 외부 사람들과 수익에 관해 이야기하라.)

주의: 매출총이익의 백분율보다는 매출총이익 금액에 초점을 둔다.

### 직원 1인당 총 이윤 달러의 4배

앤디 베일리는 이 조언을 통신 소매점 체인인 자신의 회사 네이션링크 와이어리스NationLink Wireless에서 마음에 새겼다. 그가 '규모 확장'을 시행하기 시작했을 때 그의 직원 1인당 매출총이익은 7만 5천 달러(약 1억 127만 원)였다. 분기마다 핵심 성과 지표를 개선하는 방법에 집중함으로써 7년 후 그는 그 숫자를 업계 평균의 4배인 직원 1인당 매출총이익 27만 5천 달러(약 3억 7,130만 원)로 끌어올렸다. 이로 인해 그는 엄청난 가치 평가를 받고 퇴사할 수 있었다.

이렇게 중요한 핵심 성과 지표를 추적하기 시작하라. 핵심 성과 지표는 회사 규모가 커짐에 따라 떨어지는 경향이 있다(우리가 사람들에게 문제를 제기하므로).

### 매출총이익의 힘

매출총이익은 제대로 인정받지 못하고 손익계산서의 중간에서 얼버무려질 때가 많다. 하지만 매출총이익은 실제로 효과적인 영업 팀, 차별화된 전략, 실질적인 성장을 보여주는 가장 강력한 지표다. 기업이 규모를 키우면서 시장은 더 나은 가격 책정을 요구한다(예: 최대 고객이 할인을 요구하는 경우). 이것이 회사 규모가 커지면서 발생하는 복잡성과 비용 증가와 결합하면 매출총이익이 예를 들어 55.4퍼센트에서 51.8퍼센트로 3퍼센트에서 4퍼센트로 감소하는 경우가 많다. 1천만 달러 또는 1억 달러 수준에서 이 정도 규모의 감소가 발생한다면 인프라 자금 조달, 핵심 임원 급여 또는 수익성 촉진에 30만 달러(약 4억 500만 원)에서 300만 달러(약 40억 5060만 원)를 사용할 수 없게 된다.

매출총이익을 개선할 수 있는 옵션은 두 가지가 있다. 첫 번째는 가격 정책을 유지할 수 있을 만큼 제품의 차별화와 고유성을 충분히 유지하기 위해 전략을 다듬는 것이다. 이를 위해서는 차별화를 판매할 수 있는 영업사원과 적절한 고객에게 집중할 수 있는 마케팅 기능이 필요하다. 이 경우 성장에 따라 매출총이익이 몇 퍼센트포인트 증가하는지 실제로 확인할 수 있다. 이것이 초전문화超專門化가 강력한 이유다.

물론 특히 수익률이 낮은 제품과 서비스에 대해서는 그저 잔인한 시장들도 있다. 이런 경우 매출총이익에 너무 집중하다 보면 성장할 기회를 놓칠 수 있으므로 유일한 방법은 단순히 전체 매출총이익을 올리는 것이다. 마지막 매출총이익은 첫 번째 수익률만큼 비용이 들지 않을 것이므로 고정 비용을 얼마나 늘려야 하는지를 고려하여 가능한 한 많은 현금을 들여와라.

고객이 기꺼이 지불할 가격을 시장이 알려준다면 당신은 비용을 적정하게 조정하면서도 여전히 이익을 창출해야 한다. 이를 비용 주도형 가격전략이라고 한다.

경고: 매출총이익 달러는 판매 성과를 더 정확하게 측정하므로 판매되는 상품의 가격이 판매마다 다르지 않은 한 수익을 기준으로 판매 보상을 제공해서는 안 된다. 판매원들이 가격을 책정할 수 있도록 하면서 수익에 대한 수수료를 지불하면 된다!

## 비즈니스 확장을 위한 추천 우선 과제 3가지

**1** 비즈니스 성장을 위한 최신 아이디어, 도구 및 기술을 제공받을 수 있는 베른 하니시의 '주간 인사이트(Weekly Insights)'를 구독

**2** 한 페이지 전략 기획과 기타 한 페이지 도구 다운로드

**3** 홈페이지 [scalingup.com]에 게재된 자문위원회 설치에 대한 실질적인 조언, 영업사원들을 위한 일일 회의, 그리고 75개의 다른 주제들을 제공하는 짧은 '성장 담당자' 기사 참조

# 록펠러식 성공 습관 마스터

(20주년 기념판)

**초판 1쇄 발행** 2023년 12월 29일

**지은이** 버네 하니시 Verne Harnish
**옮긴이** 김경애

**펴낸이** 정광성
**펴낸곳** 알파미디어

**편집** 최은정
**디자인** 투에스북디자인

**출판등록** 제2018-000063호
**주소** 05387 서울시 강동구 천호옛12길 18, 한빛빌딩 4층(성내동)
**전화** 02 487 2041
**팩스** 02 488 2040

**ISBN** 979-11-91122-49-7 (03320)